KB060591

왕초보 탈출
프로젝트

인도네시아어 말하기 첫걸음 1

하영지 지음

S 시원스쿨닷컴

왕초보 탈출 프로젝트

인도네시아어 말하기 첫걸음 1

초판 1쇄 발행 2023년 5월 30일
초판 2쇄 발행 2024년 11월 1일

지은이 하영지
펴낸곳 (주)에스제이더블유인터내셔널
펴낸이 양홍걸 이시원

홈페이지 indonesia.siwonschool.com
주소 서울시 영등포구 영신로 166 시원스쿨
교재 구입 문의 02)2014-8151
고객센터 02)6409-0878

ISBN 979-11-6150-711-8 13730
Number 1-440301-18121821-09

머리말

인도네시아어 강사로 십 수년간 경력을 쌓아오면서도 처음 인도네시아어를 시작하는 분들이 어떻게 하면 더 흥미 있고, 쉽게 인도네시아어를 배울 수 있을까에 대해 오랫동안 고민해왔습니다. 한국과 인도네시아 양국이 서로의 성장에 중요한 국가로 자리매김하면서, 다양한 분야의 학습자들이 인도네시아어 학습 과정에 입문하고 있습니다. 넓은 연령대와 직업군에 퍼져 있는 인도네시아어 학습자 모두가 쉽고 재미있게 배우길 바라는 마음을 녹여 본 도서를 집필했습니다.

본 책은 인도네시아 언어의 특징과 문자, 발음 체계부터 단계적으로 학습할 수 있습니다. 또한 각 단어를 정확히 발음할 수 있도록 최대한 원어민 발음에 가까운 한국어 독음을 수록하였고, 이를 통해 학습자분들이 최대한 올바른 발음을 배워 전달력을 기를 수 있길 기대합니다. 뿐만 아니라 문법 설명에서 내용은 알차면서 쉽게 전달하기 위해 많은 고민을 거듭했으며, 다양한 예문을 함께 수록하여 앞서 배운 문법 내용을 완벽히 이해할 수 있도록 구성하였습니다. 이처럼 활용도 높은 예문, 패턴, 회화 속 문장을 통해 학습자들이 직접 듣고, 말하고, 읽고, 써 보며 네 가지 영역의 능력을 두루 학습할 수 있을 것입니다.

본 책을 출판하는 과정에서도 꾸준히 수업을 이어왔습니다. 수업을 통해 다양한 학습자를 만나고, 함께 성장해 나갈 동력을 주신 박광우 교수님께 감사를 전합니다. 각 수업에서 만난 학습자분들의 배우고자 하는 열정이 있었기에 좋은 책을 내고자 하는 마음을 굳힐 수 있었습니다. 성장할 수 있는 지혜를 주신 이동천 대표님과 김성민 님, 홍지현 님, 정소정 님께도 특별한 감사를 전합니다.

인도네시아어 강사로서 인도네시아어를 학습하시는 여러분과 앞으로 책에서도, 강의에서도 더 자주 만나 뵙길 기대합니다. 감사합니다.

하영지

목차

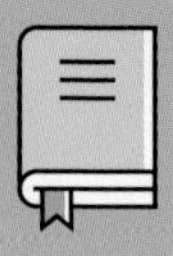

이 책의 구성과 특징

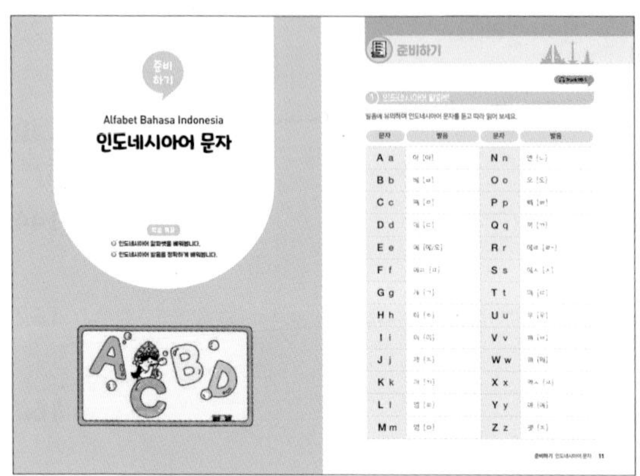

인도네시아어 문자

인도네시아어의 가장 기본인 발음과 문자를 학습하여 인도네시아어의 기초를 완벽히 다질 수 있습니다.

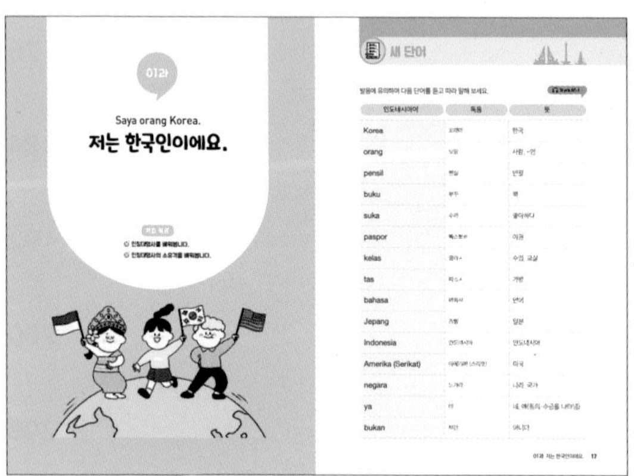

학습 목표 및 새 단어

각 과의 핵심 내용이 무엇인지 파악한 후 학습에 들어갈 수 있습니다. 또한, 각 과의 주요 단어를 보기 쉽게 정리하였습니다. 단어를 익힌 후 본 학습에 들어가면 더 효과적으로 학습할 수 있습니다.

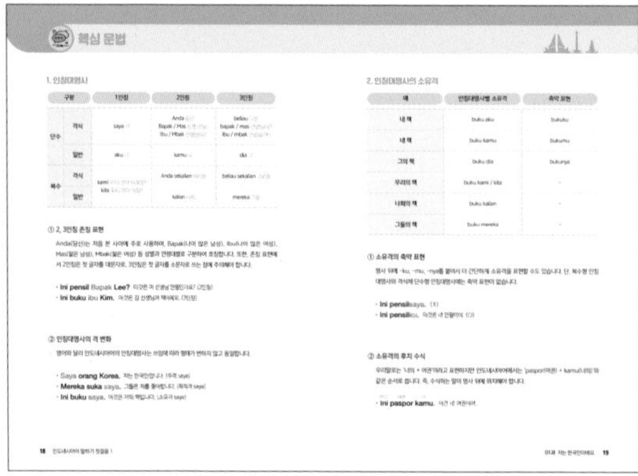

핵심 문법

문법 개념을 탄탄하게 다질 수 있도록 친절한 설명과 활용도 높은 예문으로 구성하였습니다.

필수 패턴

다음 문장을 세 번씩 따라 읽어 보세요.

Senang berkenalan dengan kalian.

Nama kakak laki-laki saya Juno.

Ibu itu tidur besama anaknya.

Adik saya bekerja di PT ABC dengan teman saya.

Mereka tidak bersama dengan Bu Kim di sini.

Itu siapa?

Kamu melukis dengan siapa?

Ibu di situ bersama siapa?

Anda tahu siapa nama dia?

필수 패턴

학습한 문법 내용을 활용할 수 있도록 패턴으로 제시하였습니다. 패턴을 세 번씩 따라 읽으며 연습한 후에 빈칸을 채우며 복습할 수 있도록 구성하여, 듣기, 쓰기, 말하기 영역을 모두 연습할 수 있습니다.

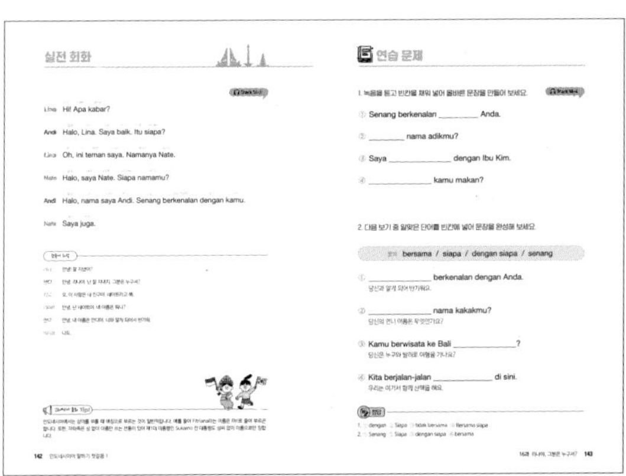

실전 회화

Lina Hi! Apa kabar?

Andi Halo, Lina. Saya baik. Itu siapa?

Lina Oh, ini teman saya. Namanya Nate.

Nate Halo, saya Nate. Siapa namamu?

Andi Halo, nama saya Andi. Senang berkenalan dengan kamu.

Nate Saya juga.

연습 문제

1. 녹음을 듣고 빈칸을 채워 넣어 올바른 문장을 만들어 보세요.

① Senang berkenalan ________ Anda.

② ________ nama adikmu?

③ Saya ____________ dengan Ibu Kim.

④ ____________ kamu makan?

2. 다음 보기 중 알맞은 단어를 빈칸에 넣어 문장을 완성해 보세요.

보기 bersama / siapa / dengan siapa / senang

① ____________ berkenalan dengan Anda.

당신과 알게 되어 반가워요.

② ____________ nama kakakmu?

③ Kamu berwisata ke Bali ____________?

④ Kita berjalan-jalan ____________ di sini.

우리는 여기서 함께 산책을 해요.

실전 회화 및 연습 문제

문법과 패턴에서 학습한 내용을 응용할 수 있도록 활용도 높은 대화문을 제시하였습니다. 또한, 연습 문제를 풀어 보며 자신의 실력을 확인할 수 있습니다.

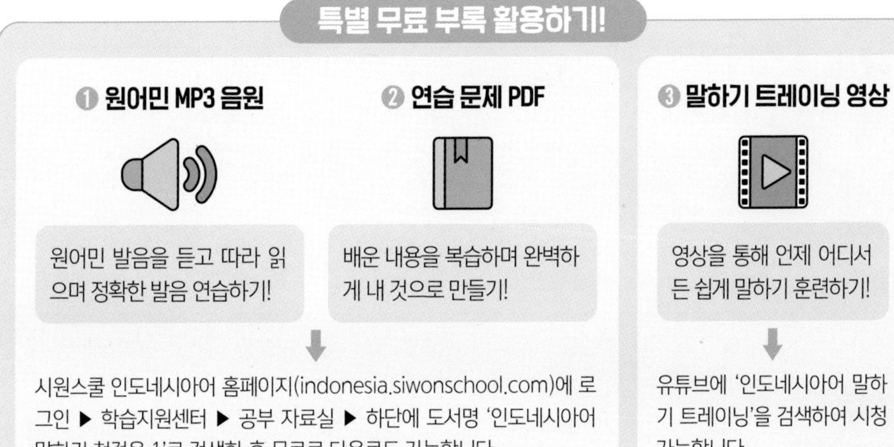

학습 플랜❶ 8주 완성 정석 플랜

주/요일	MON	TUE	WED	THU	FRI
1주차	학습일 /	학습일 /	학습일 /	학습일 /	학습일 /
	준비하기 학습 확인 ☐	01과 학습 확인 ☐	02과 학습 확인 ☐	03과 학습 확인 ☐	04과 학습 확인 ☐
2주차	학습일 /	학습일 /	학습일 /	학습일 /	학습일 /
	05과 학습 확인 ☐	01~05과 복습 학습 확인 ☐	06과 학습 확인 ☐	07과 학습 확인 ☐	08과 학습 확인 ☐
3주차	학습일 /	학습일 /	학습일 /	학습일 /	학습일 /
	09과 학습 확인 ☐	10과 학습 확인 ☐	06~10과 복습 학습 확인 ☐	11과 학습 확인 ☐	12과 학습 확인 ☐
4주차	학습일 /	학습일 /	학습일 /	학습일 /	학습일 /
	13과 학습 확인 ☐	14과 학습 확인 ☐	15과 학습 확인 ☐	11~15과 복습 학습 확인 ☐	16과 학습 확인 ☐
5주차	학습일 /	학습일 /	학습일 /	학습일 /	학습일 /
	17과 학습 확인 ☐	18과 학습 확인 ☐	19과 학습 확인 ☐	20과 학습 확인 ☐	16~20과 복습 학습 확인 ☐
6주차	학습일 /	학습일 /	학습일 /	학습일 /	학습일 /
	21과 학습 확인 ☐	22과 학습 확인 ☐	23과 학습 확인 ☐	24과 학습 확인 ☐	25과 학습 확인 ☐
7주차	학습일 /	학습일 /	학습일 /	학습일 /	학습일 /
	21~25과 복습 학습 확인 ☐	26과 학습 확인 ☐	27과 학습 확인 ☐	28과 학습 확인 ☐	29과 학습 확인 ☐
8주차	학습일 /	학습일 /	학습일 /	학습일 /	학습일 /
	30과 학습 확인 ☐	26~30과 복습 학습 확인 ☐	말하기 트레이닝 (1~15과) 학습 확인 ☐	말하기 트레이닝 (16~30과) 학습 확인 ☐	연습문제 PDF 학습 확인 ☐

학습 플랜❷ 4주 완성 속성 플랜

주/요일	MON	TUE	WED	THU	FRI
1주차	학습일 /	학습일 /	학습일 /	학습일 /	학습일 /
	준비하기 학습 확인 ☐	01~02과 학습 확인 ☐	03~04과 학습 확인 ☐	05~06과 학습 확인 ☐	07~08과 학습 확인 ☐
2주차	학습일 /	학습일 /	학습일 /	학습일 /	학습일 /
	09~10과 학습 확인 ☐	말하기 트레이닝 (1~10과) 학습 확인 ☐	11~12과 학습 확인 ☐	13~14과 학습 확인 ☐	15~16과 학습 확인 ☐
3주차	학습일 /	학습일 /	학습일 /	학습일 /	학습일 /
	17~18과 학습 확인 ☐	19~20과 학습 확인 ☐	말하기 트레이닝 (11~20과) 학습 확인 ☐	21~22과 학습 확인 ☐	23~24과 학습 확인 ☐
4주차	학습일 /	학습일 /	학습일 /	학습일 /	학습일 /
	25~26과 학습 확인 ☐	27~28과 학습 확인 ☐	29~30과 학습 확인 ☐	말하기 트레이닝 (21~30과) 학습 확인 ☐	연습 문제 PDF 학습 확인 ☐

Alfabet Bahasa Indonesia

인도네시아어 문자

학습 목표

- 인도네시아어 알파벳을 배워봅니다.
- 인도네시아어 발음을 정확하게 배워봅니다.

Track 00-1

1 인도네시아어 알파벳

발음에 유의하며 인도네시아어 문자를 듣고 따라 읽어 보세요.

문자	발음	문자	발음
A a	아 [아]	N n	엔 [ㄴ]
B b	베 [ㅂ]	O o	오 [오]
C c	쩨 [ㅉ]	P p	뻬 [ㅃ]
D d	데 [ㄷ]	Q q	끼 [ㄲ]
E e	에 [에/으]	R r	에ㄹ [ㄹ-]
F f	에ㅍ [ㅍ]	S s	에ㅅ [ㅅ]
G g	게 [ㄱ]	T t	떼 [ㄸ]
H h	하 [ㅎ]	U u	우 [우]
I i	이 [이]	V v	붸 [ㅂ]
J j	제 [ㅈ]	W w	웨 [웨]
K k	까 [ㄲ]	X x	엑ㅅ [ㅆ]
L l	엘 [ㄹ]	Y y	예 [예]
M m	엠 [ㅁ]	Z z	젯 [ㅈ]

Track 00-2

2 인도네시아어 발음

① 단모음

한 글자로 소리나는 모음입니다. e는 '에', '으' 두 가지 소리로 발음됩니다.

단모음			
a	apel [아쁠]	é	enak [에낙]
e	emas [으마ㅅ]	i	ini [이니]
o	ojek [오젝]	u	ulang [울랑]

② 단자음

한 글자로 소리나는 자음입니다. 이 중 r은 혀를 굴리며 소리 내고, f, q, x, v, z는 거의 외래어 표기용으로만 쓰입니다.

단자음			
b	beras [브라ㅅ]	c	cuci [쭈찌]
d	dua [두아]	f	fasilitas [파실리따ㅅ]
g	gaji [가지]	h	hari [하리]
j	jalan [잘란]	k	kami [까미]
l	lama [라마]	m	masak [마삭]
n	nama [나마]	p	pagi [빠기]
q	quran [꾸란]	r	rajin [라진]
s	sudah [수다ㅎ]	t	tali [딸리]
v	versi [베르시]	x	–
z	zaman [자만]		

③ 반모음

단독으로 쓰일 수 없고 다른 모음과 결합해서 쓰이는 모음입니다.

반모음			
w	wajib [와집]	y	ayah [아야ㅎ]

④ 이중모음

두 개의 모음이 만나 하나의 음절로 발음되는 모음입니다.

이중모음			
ai	air [아이ㄹ]	au	saudara [사우다라]
oi	egois [에고이ㅅ]		

⑤ 이중자음

두 개의 자음이 만나 하나의 새로운 음절로 발음되는 자음입니다.

이중자음			
kh	khusus [쿠수ㅅ]	ng	bunga [붕아]
sy	syukur [슈쿠ㄹ]	ny	tanya [따냐]

1. 녹음을 듣고 해당 발음에 알맞은 단어를 골라 체크해 보세요. Track 00-3

① ☐ ulang ☐ ular

② ☐ suci ☐ cuci

③ ☐ lama ☐ ramah

④ ☐ masak ☐ masuk

⑤ ☐ khusuf ☐ khusus

2. 녹음을 듣고 빈칸을 채워 단어를 완성해 보세요. Track 00-4

① ☐ ami

② ☐ ersi

③ a ☐

④ bu ☐ a

⑤ ta ☐ a

1. ① ulang ② cuci ③ lama ④ masak ⑤ khusus
2. ① kami ② versi ③ ayah ④ bunga ⑤ tanya

3. 각 단어의 발음을 한국어 독음으로 적어 보세요.

① apel ( ) ② ulang ( )

③ enak ( ) ④ emas ( )

⑤ jalan ( ) ⑥ rajin ( )

⑦ wajib ( ) ⑧ saudara ( )

⑨ bunga ( ) ⑩ tanya ( )

4. 각 단어를 알맞은 독음과 짝지어 보세요.

① ini • • ⓐ 베르시

② ojek • • ⓑ 붕아

③ sudah • • ⓒ 오젝

④ bunga • • ⓓ 아야ㅎ

⑤ versi • • ⓔ 수다ㅎ

⑥ ayah • • ⓕ 이니

정답

3. ① 아쁠 ② 울랑 ③ 에낙 ④ 으마ㅅ ⑤ 잘란 ⑥ 라진 ⑦ 와집 ⑧ 사우다라 ⑨ 붕아 ⑩ 따냐

4. ①-ⓕ, ②-ⓒ, ③-ⓔ, ④-ⓑ, ⑤-ⓐ, ⑥-ⓓ

Saya orang Korea.

저는 한국인이에요.

학습 목표

- 인칭대명사를 배워봅니다.
- 인칭대명사의 소유격을 배워봅니다.

새 단어

발음에 유의하며 다음 단어를 듣고 따라 말해 보세요. Track 01-1

인도네시아어	독음	뜻
Korea	꼬레아	한국
orang	오랑	사람, ~인
pensil	뻰실	연필
buku	부꾸	책
suka	수까	좋아하다
paspor	빠스뽀ㄹ	여권
kelas	끌라ㅅ	수업, 교실
tas	따스ㅅ	가방
bahasa	바하사	언어
Jepang	즈빵	일본
Indonesia	인도네시아	인도네시아
Amerika (Serikat)	아메리까 (스리깟)	미국
negara	느가라	나라, 국가
ya	야	네, 예(동의·수긍을 나타냄)
bukan	부깐	아니다

핵심 문법

1. 인칭대명사

구분		1인칭	2인칭	3인칭
단수	격식	saya 저	Anda 당신 Bapak / Mas 선생님(남) Ibu / Mbak 선생님(여)	beliau 그분 bapak / mas 선생님(남) ibu / mbak 선생님(여)
	일반	aku 나	kamu 너	dia 그
복수	격식	kami 우리(청자 미포함) kita 우리(청자 포함)	Anda sekalian 여러분	beliau sekalian 그분들
	일반		kalian 너희	mereka 그들

① 2, 3인칭 존칭 표현

Anda(당신)는 처음 본 사이에 주로 사용하며, Bapak(나이 많은 남성), Ibu(나이 많은 여성), Mas(젊은 남성), Mbak(젊은 여성) 등 성별과 연령대별로 구분하여 호칭합니다. 또한, 존칭 표현에서 2인칭은 첫 글자를 대문자로, 3인칭은 첫 글자를 소문자로 쓰는 점에 주의해야 합니다.

- **Ini pensil Bapak Lee?** 이것은 이 선생님 연필인가요? (2인칭)
- **Ini buku ibu Kim.** 이것은 김 선생님의 책이에요. (3인칭)

② 인칭대명사의 격 변화

영어와 달리 인도네시아어의 인칭대명사는 쓰임에 따라 형태가 변하지 않고 동일합니다.

- **Saya orang Korea.** 저는 한국인입니다. (주격 saya)
- **Mereka suka saya.** 그들은 저를 좋아합니다. (목적격 saya)
- **Ini buku saya.** 이것은 저의 책입니다. (소유격 saya)

2. 인칭대명사의 소유격

예	인칭대명사별 소유격	축약 표현
내 책	buku aku	bukuku
네 책	buku kamu	bukumu
그의 책	buku dia	bukunya
우리의 책	buku kami / kita	-
너희의 책	buku kalian	-
그들의 책	buku mereka	-

① 소유격의 축약 표현

명사 뒤에 -ku, -mu, -nya를 붙여서 더 간단하게 소유격을 표현할 수도 있습니다. 단, 복수형 인칭대명사와 격식체 단수형 인칭대명사에는 축약 표현이 없습니다.

- **Ini pensilsaya.** (X)
- **Ini pensilku.** 이것은 내 연필이야. (O)

② 소유격의 후치 수식

우리말로는 '너의 + 여권'이라고 표현하지만 인도네시아어에서는 'paspor(여권) + kamu(너의)'와 같은 순서로 씁니다. 즉, 수식하는 말이 명사 뒤에 위치해야 합니다.

이것 여권 너
- **Ini paspor kamu.** 이건 네 여권이야.

필수 패턴

다음 문장을 세 번씩 따라 읽어 보세요.

이니 빠스뽀ㄹ 안다
Ini paspor Anda.

이니 끌라ㅅ 블리아우
Ini kelas beliau.

이니 뻰실 바빠 리
Ini pensil Bapak Lee.

이니 따스꾸
Ini tasku.

이니 부꾸무
Ini bukumu.

이니 빠스뽀ㄹ냐
Ini pasportnya.

이니 부꾸 바하사 즈빵
Ini buku bahasa Jepang.

이니 끌라ㅅ 바하사 인도네시아 음바 하
Ini kelas bahasa Indonesia mbak Ha.

이니 빠스뽀ㄹ 느가라 아메리까 디아
Ini paspor negara Amerika dia.

한국어 뜻을 보고 인도네시아어로 따라 쓰고 빈칸에 알맞은 말을 써 보세요.

이건 당신의 여권이에요.
Ini paspor ______.

이건 그분의 수업이에요.
Ini kelas ______.

이건 이 선생님의 연필이에요.(2인칭)
Ini pensil ______ Lee.

이건 내 가방이야.
Ini tas______.

이건 너의 책이야.
Ini buku______.

이건 그의 여권이에요.
Ini paspor______.

이건 일본어책이에요.
Ini buku Bahasa ______.

이건 하 선생님의 인도네시아어 수업이에요.(3인칭)
Ini kelas bahasa ______ mbak Ha.

이건 그의 미국 여권이에요.
Ini paspor negara ______ dia.

실전 회화

Track 01-3

Nate	까무 오랑 꼬레아 Kamu orang Korea?
Lina	야 아꾸 오랑 꼬레아 Ya, aku orang Korea. 까무 오랑 즈빵 Kamu orang Jepang?
Nate	부깐 사야 오랑 아메리까 Bukan, saya orang Amerika. 이뚜 빠스뽀ㄹ 꼬레아 Itu paspor Korea?
Lina	이야 이니 빠스뽀ㄹ 느가라꾸 Iya, ini paspor negaraku.

한국어 해석

네이트	너는 한국인이니?
리나	응, 나는 한국인이야. 너는 일본인이니?
네이트	아니, 나는 미국인이야. 그건 한국 여권이니?
리나	응, 이건 우리나라의 여권이야.

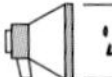

인도네시아 문화 Tip!

인도네시아는 17,000여 개의 섬들로 이루어진 세계에서 섬이 가장 많은 나라입니다. 그중 5개의 주요 섬은 수도 자카르타가 위치한 자와, 수마트라, 깔리만딴, 술라웨시, 그리고 파푸아섬입니다.

연습 문제

1. 빈칸을 채워 넣어 올바른 표를 만들어 보세요.

구분		1인칭	2인칭	3인칭
단수	격식	①	Anda Bapak/ Mas Ibu/ Mbak	beliau bapak/ mas ibu/ mbak
	일반	aku	②	③
복수	격식	kami kita	Anda sekalian	beliau sekalian
	일반		④	⑤

2. 빈칸을 채워 올바른 문장을 만들어 보세요.

① Anda ______________________?
당신은 인도네시아인인가요?

② ______________________ orang Amerika?
그들은 미국인인가요?

③ Dia orang ______________________.
그는 일본인이에요.

④ Kami ______________________.
우리는 한국인이에요.

1. ① saya ② kamu ③ dia ④ kalian ⑤ mereka
2. ① orang Indonesia ② Mereka ③ Jepang ④ orang Korea

Meja ini meja saya.

이 책상은 제 책상이에요.

학습 목표

- 지시대명사를 배워봅니다.
- 지시대명사의 축약 표현을 배워봅니다.

새 단어

발음에 유의하며 다음 단어를 듣고 따라 말해 보세요. Track 02-1

인도네시아어	독음	뜻
meja	메자	책상
komputer	꼼뿌떠ㄹ	컴퓨터
bapak / ayah	바빠 / 아야ㅎ	아버지, 아빠
Prancis	쁘란찌ㅅ	프랑스
teman	뜨만	친구
Jerman	즈르만	독일
keluarga	끌루아르가	가족
rumah	루마ㅎ	집
bolpoin	볼뽀인	볼펜
kamus	까무ㅅ	사전
Inggris	잉그리ㅅ	영국
kursi	꾸르시	의자
tipis	띠삐ㅅ	얇다
tebal	뜨발	두껍다
ibu	이부	어머니, 엄마

1. 지시대명사

지시대명사의 종류	뜻
ini	이것, 이 사람
itu	저것, 저 사람 / 그것, 그 사람

① 사물을 가리킬 때

거리가 가까운 사물은 'ini(이것)', 거리가 멀거나 보이지 않는 사물은 'itu(저것, 그것)'로 가리킵니다.

- **Ini meja.** 이것은 책상입니다.
- **Itu komputer.** 저것은 컴퓨터입니다.

② 사람을 가리킬 때

사물과 마찬가지로 거리가 가까운 사람은 'ini(이 사람)', 거리가 멀거나 보이지 않는 사람은 'itu(저 사람, 그 사람)'로 가리킵니다.

- **Ini ayah saya.** 이분은 제 아버지입니다.
- **Itu orang Prancis.** 그 사람은 프랑스인입니다.

③ 특정한 사물이나 사람을 가리킬 때

여러 사물 혹은 사람 중에서 특정한 하나를 가리킬 때에도 ini나 itu가 한정사 역할을 합니다.

- **Orang ini teman saya.** 이 사람이 제 친구입니다.
- **Buku itu buku bahasa Jerman.** 그 책이 독일어책입니다.

2. 지시대명사의 축약 표현

예	지시대명사	축약 표현
이 가족	keluarga ini	keluarganya
이 사람	orang ini	orangnya
저 집	rumah itu	rumahnya
저 볼펜	bolpoin itu	bolpoinnya
그 친구	teman itu	temannya
그 나라	negara itu	negaranya

① 접미사 -nya

명사 뒤에 -nya를 붙여서 더 간단하게 지시대명사를 나타낼 수도 있습니다. '이', '저', '그' 모두 -nya로 축약할 수 있습니다. 다만, 수식하고자 하는 대상이 앞선 문장에서 언급되어 명확한 경우에만 -nya로 줄여 쓸 수 있습니다.

- **Bukunya buku saya. Bukunya buku bahasa Indonesia.** (X)
- **Buku itu buku saya. Bukunya buku bahasa Indonesia.** (O)
  그 책은 제 책이에요. 그 책은 인도네시아어책입니다.

필수 패턴

다음 문장을 세 번씩 따라 읽어 보세요.

Track 02-2

이뚜 까무ㅅ 뜨만 사야
Itu kamus teman saya.

이니 오랑 잉그리ㅅ
Ini orang Inggris.

이뚜 오랑 즈르만
Itu orang Jerman.

뜨만 이니 오랑 쁘란찌ㅅ
Teman ini orang Prancis.

루마ㅎ 이뚜 루마ㅎ 디아
Rumah itu rumah dia.

꾸르시 이니 꾸르시 안다
Kursi ini kursi Anda.

꼼뿌떠ㄹ 이뚜 꼼뿌떠르꾸
Komputer itu komputerku.

뻰실 이니 뻰실 사야 뻰실냐 띠삐ㅅ
Pensil ini pensil saya. Pensilnya tipis.

까무ㅅ 이뚜 까무ㅅ 바하사 꼬레아 까무ㅅ냐 뜨발
Kamus itu kamus bahasa Korea. Kamusnya tebal.

한국어 뜻을 보고 인도네시아어로 따라 쓰고 빈칸에 알맞은 말을 써 보세요.

저것은 제 친구의 사전이에요.
_______ kamus teman saya.

이 사람은 영국인이에요.
Ini _______ Inggris.

저 사람은 독일인이에요.
Itu orang _______.

이 친구는 프랑스인이에요.
Teman ini orang _______.

그 집은 그의 집이에요.
_______ itu rumah dia.

이 의자는 당신 의자예요.
_______ kursi Anda.

그 컴퓨터는 내 컴퓨터야.
_______ komputerku.

이 연필은 제 연필이에요. 그 연필은 얇아요.
Pensil ini pensil saya. _______ tipis.

그 사전은 한국어 사전이에요. 그 사전은 두꺼워요.
Kamus itu kamus _______. Kamusnya tebal.

실전 회화

Track 02-3

Lina　이니 메자 까무
Ini meja kamu?

Nate　야 이니 메자 사야
Ya, Ini meja saya.
까무ㅅ 이뚜 까무ㅅ 바하사 꼬레아
Kamus itu kamus bahasa Korea?

Lina　부깐 이니 까무ㅅ 바하사 인도네시아
Bukan, ini kamus bahasa Indonesia.
까무ㅅ 이뚜 까무ㅅ 바하사 꼬레아
kamus itu kamus bahasa Korea.

Nate　와 까무ㅅ냐 뜨발
Wah, kamusnya tebal.

한국어 해석

리나　이것은 네 책상이니?

네이트　응, 이 책상은 내 책상이야.
그 사전은 한국어 사전이야?

리나　아니, 이 사전은 인도네시아어 사전이야.
저 사전이 한국어 사전이야.

네이트　와, 그 사전 두껍다.

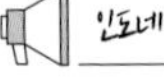 인도네시아 문화 Tip!

인도네시아 사람들은 처음 만난 상대에게 주로 악수로 인사를 청합니다. 왼손으로 악수하는 상대방의 오른손을 감싸기도 하고, 악수 후에 자신의 손을 가슴(심장) 근처에 대기도 하는데, 이는 상대방의 인사를 진심으로 마음에 담겠다는 의미입니다.

연습 문제

1. 녹음을 듣고 빈칸을 채워 넣어 올바른 문장을 만들어 보세요. Track 02-4

① Itu ______________________.

② Teman itu ____________________________.

③ ______________, ini kamus bahasa Indonesia.

④ Tas ini tas saya. ____________ bagus.

2. 빈칸을 채워 올바른 문장을 만들어 보세요.

① Itu __________________.
그것은 볼펜이에요.

② ___________________ orang Amerika.
그 친구는 미국인이에요.

③ Kamus itu kamus Anda. ________________ tebal.
그 사전은 당신 사전이에요. 사전이 두껍네요.

④ ____________________ rumah kita.
이 집은 우리 집이에요.

정답

1. ① ibu saya ② orang Jerman ③ Bukan ④ Tasnya
2. ① bolpoin ② Teman itu ③ Kamusnya ④ Rumah ini

Saya tinggal di Pondok Indah.

저는 뽄독 인다에 살아요.

학습 목표

- 동사 술어문을 배워봅니다.
- 어근 동사와 동사 접사를 배워봅니다.

새 단어

발음에 유의하며 다음 단어를 듣고 따라 말해 보세요. Track 03-1

인도네시아어	독음	뜻
tinggal	띵갈	살다
di	디	~에(서)
nasi	나시	밥
membaca	믐바짜	읽다
belajar	블라자ㄹ	공부하다
minum	미눔	마시다
jus	주ㅅ	주스
bekerja	브끄르자	일하다
membeli	믐블리	사다
makan pagi / siang / malam	마깐 빠기 / 시앙 / 말람	아침 / 점심 / 저녁을 먹다
bangun	방운	일어나다
tidak	띠닥	아니다
mal	몰	몰(mall), 백화점
berbelanja	브르블란자	쇼핑하다

핵심 문법

1. 동사 술어문

문장 종류	문장 구조
타동사문	주어 + 동사 + 목적어
자동사문	주어 + 동사

① 타동사문

주어 + 동사 + 목적어 형식으로, 주어의 동작(동사)이 목적어에게 영향을 미치는 경우를 나타냅니다. 따라서 '~을(를)'의 의미를 나타내는 목적어가 함께 쓰여야 합니다.

- **Saya**[주어] **makan**[동사] **nasi.**[목적어] 저는 밥을 먹습니다.
- **Ibu**[주어] **membaca**[동사] **buku.**[목적어] 어머니는 책을 읽으세요.

② 자동사문

주어 + 동사 형식으로, 주어의 동작(동사)이 주어 자체에게 영향을 미치는 경우를 나타냅니다. 목적어 없이 주어와 동사만으로도 문장이 완성됩니다.

- **Saya**[주어] **belajar.**[동사] 저는 공부합니다.
- **Dia**[주어] **tinggal**[동사] **di Seoul, Korea.**[목적어] 그는 한국의 서울에서 삽니다.

2. 어근 동사와 동사 접사

동사 분류	형태
어근 동사	어근 그대로 사용
동사 접사 ber-	ber- / bel- / be-
동사 접사 me-	me- / mem- / men- / meng- / menge- / meny-

① 어근 동사

어근 동사는 별도의 접사가 붙지 않고 어근만 독립적으로 사용할 수 있는 동사입니다. 타동사와 자동사 모두 만들 수 있습니다.

- **Saya tinggal di Indonesia.** 저는 인도네시아에 삽니다.
- **Mereka minum jus.** 그들은 주스를 마십니다.

② 동사 접사 ber-

동사 접사 ber-는 단어 앞에 붙어 '~하다'라는 동사를 만듭니다. 주로 목적어가 필요 없는 자동사가 됩니다.

- **Aku belajar di rumah.** 나는 집에서 공부해.
- **Kami bekerja di Jepang.** 저희는 일본에서 일합니다.

③ 동사 접사 me-

동사 접사 me-는 단어 앞에 붙어 '~을(를) ~하다'라는 동사를 만듭니다. 주로 목적어가 필요한 타동사가 됩니다.

- **Saya membaca buku.** 저는 책을 읽습니다.
- **Saya membeli tas.** 저는 가방을 삽니다.

필수 패턴

다음 문장을 세 번씩 따라 읽어 보세요.  

이부 마깐
Ibu makan.

바빡 미눔
Bapak minum.

므레까 방운 디 루마ㅎ
Mereka bangun di rumah.

음바 리나 브끄르자 디 인도네시아
Mbak Lina bekerja di Indonesia.

뜨만 사야 수까 주ㅅ 이뚜
Teman saya suka jus itu.

아야ㅎ 디아 브끄르자 디 잉그리ㅅ
Ayah dia bekerja di Inggris.

오랑 아메리까 이뚜 믐바짜 부꾸 바하사 즈르만
Orang Amerika itu membaca buku bahasa Jerman.

오랑 즈빵 이뚜 믐블리 부꾸 뜨발
Orang Jepang itu membeli buku tebal.

끼따 마깐 말람 디 루마ㅎ
Kita makan malam di rumah.

한국어 뜻을 보고 인도네시아어로 따라 쓰고 빈칸에 알맞은 말을 써 보세요.

어머니는 드세요.
Ibu ________.

아버지는 마셔요.
Bapak ________.

그들은 집에서 일어나요.
Mereka ________ di rumah.

리나 씨는 인도네시아에서 일해요.
Mbak Lina ________ di Indonesia.

제 친구는 그 주스를 좋아해요.
Teman saya suka ________.

그의 아버지는 영국에서 일해요.
Ayah dia bekerja ________.

그 미국인은 독일어책을 읽어요.
Orang Amerika itu membaca buku ________.

그 일본인은 두꺼운 책을 사요.
Orang Jepang itu ________ buku tebal.

우리는 집에서 저녁 식사를 해요.
Kita ________ di rumah.

실전 회화

Track 03-3

Nate Kamu tinggal di Pondok Indah?
(까무 띵갈 디 뽄독 인다ㅎ)

Lina Tidak, Saya tinggal di Kelapa Gading.
(띠닥 사야 띵갈 디 끌라빠 가딩)
Kamu tinggal di Pondok Indah?
(까무 띵갈 디 뽄독 인다ㅎ)

Nate Ya, saya tinggal di Pondok Indah.
(야 사야 띵갈 디 뽄독 인다ㅎ)
Saya suka Mal Pondok Indah.
(사야 수까 몰 뽄독 인다ㅎ)

Lina Oh, kamu suka berbelanja, ya.
(오 까무 수까 브르블란자 야)

한국어 해석

네이트 너 뽄독 인다에 사니?

리나 아니, 나는 끌라빠 가딩에 살아.
너는 뽄독 인다에 사니?

네이트 응, 나는 뽄독 인다에 살아.
나는 뽄독 인다 백화점을 좋아해.

리나 오, 너 쇼핑을 좋아하는구나.

인도네시아 문화 Tip!

인도네시아는 2023년 기준 인구가 2억 7천만 명이 넘어 인구수 기준 세계 4위 대국입니다. 특히 수도인 자카르타가 위치한 자와섬에만 1억 5천만여 명의 인구가 밀집되어 있어 세계에서 인구 밀도가 높은 지역 중 한 곳입니다.

1. 녹음을 듣고 빈칸을 채워 넣어 올바른 문장을 만들어 보세요. Track 03-4

① Teman saya ________________ di Kelapa Gading.

② Orang Belanda itu ________________ bahasa Indonesia.

③ ________________ berbelanja di mal.

④ Ibu Choi ________________.

2. 다음 보기 중 알맞은 단어를 골라 올바른 문장을 만들어 보세요.

보기 suka / membaca / bangun / bekerja

① Dia ________________ jus.
그는 주스를 좋아해요.

② Mbak Lina ________________ di Amerika.
리나 씨는 미국에서 일해요.

③ Beliau ________________ buku itu.
그분은 그 책을 읽으세요.

④ Teman saya ________________ di rumah saya.
제 친구는 우리 집에서 일어났어요.

정답

1. ① tinggal ② belajar ③ Ibu saya ④ membeli tas
2. ① suka ② bekerja ③ membaca ④ bangun

Mal itu besar.

그 백화점은 커요.

학습 목표

- 형용사 술어문을 배워봅니다.
- 형용사 술어문의 활용 및 유의할 점을 배워봅니다.

새 단어

발음에 유의하며 다음 단어를 듣고 따라 말해 보세요. Track 04-1

인도네시아어	독음	뜻
besar	브사ㄹ	크다
baru	바루	새롭다, 막
mobil	모빌	자동차
bagus	바구ㅅ	좋다
cepat	쯔빳	빠르다
susah / sulit	수사ㅎ / 술릿	어렵다
mudah	무다ㅎ	쉽다
bersih	브르시ㅎ	깨끗하다
kecil	끄찔	작다
kotor	꼬또ㄹ	더럽다
lambat	람밧	느리다
jelek	즐렉	나쁘다, 못생기다
jauh	자우ㅎ	멀다
tua	뚜아	낡다, 늙다
dekat	드깟	가깝다

1. 형용사 술어문

형용사 술어문
주어 + 형용사

① 서술어로 쓰인 형용사

주어 + 형용사 형식으로 형용사가 서술어 자리에 쓰여 형용사 술어문을 만들 수 있습니다.

- **Komputer saya baru.** 제 컴퓨터는 새것입니다.
- **Mobilnya bagus.** 그의 자동차는 좋습니다.

② 형용사 술어문의 명확한 주어 표현

'ini(이)'나 'itu(저, 그)'와 같은 한정사를 쓰게 되면 주어를 특정하여 의미가 보다 명확해집니다.

- **Mobil cepat.** 자동차는 빠릅니다. (모든 자동차가 빠르다는 의미도 가능)
- **Mobil ini cepat.** 이 자동차는 빠릅니다. (특정 자동차가 빠르다는 의미로 한정)

③ 주어부가 긴 경우의 형용사 서술어 구분

주어부 길이가 너무 길 때는 ini나 itu를 활용하여 주어부 구문을 구분할 수 있습니다.

- 주어부: **Kelas bahasa Inggris ini** **susah.** 이 영어 수업은 어렵습니다.
- 주어부: **Kamus bahasa Indonesia itu** **bagus.** 저 인도네시아어 사전은 좋습니다.

2. 형용사 술어문의 활용 및 유의할 점

활용	유의할 점
병렬 표현	술어 자리 확인
형용사① + dan + 형용사② (형용사①)하고, (형용사②)하다	주어 + 형용사 (O) 주어 + adalah(~이다) + 형용사 (X)

① 접속사 dan의 활용

두 개의 형용사를 연결할 때는 '그리고', '~(하)고'라는 의미인 dan을 활용할 수 있습니다. 세 개 이상의 형용사를 나열할 때는 각 단어 뒤에 쉼표를 쓰고 가장 마지막 단어 앞에만 dan을 씁니다.

- **Buku ini tipis dan mudah.** 그 책은 얇고 쉽습니다.
- **Mobil ini baru dan cepat.** 그 차는 새것이고 빠릅니다.
- **Negara itu dekat, bersih dan bagus.** 그 나라는 가깝고, 깨끗하고 좋아요.

② adalah 중복 사용 불가능

형용사가 술어 자리에 쓰이면 그 자체로 서술하는 역할을 하기 때문에 '~이다'라는 뜻의 동사 adalah와 함께 쓸 수 없습니다.

- **Rumah itu adalah bersih.** (X)
- **Rumah itu bersih.** 그 집은 깨끗합니다. (O)

필수 패턴

다음 문장을 세 번씩 따라 읽어 보세요.  

이니 바구ㅅ
Ini bagus.

이뚜 끄찔
Itu kecil.

이니 꼬또ㄹ
Ini kotor.

이뚜 람밧
Itu lambat.

까무ㅅ 이니 즐렉
Kamus ini jelek.

바하사 인도네시아 무다ㅎ
Bahasa Indonesia mudah.

루마ㅎ 뜨만 사야 자우ㅎ
Rumah teman saya jauh.

모빌 아야ㅎ 사야 쯔빳
Mobil ayah saya cepat.

따ㅅ 이부 사야 뚜아
Tas ibu saya tua.

한국어 뜻을 보고 인도네시아어로 따라 쓰고 빈칸에 알맞은 말을 써 보세요.

이것은 좋아요.
Ini ______.

그것은 작아요.
Itu ______.

이것은 더러워요.
Ini ______.

저것은 느려요.
Itu ______.

이 사전은 안 좋아요.
Kamus ini ______.

인도네시아어는 쉬워요.
Bahasa Indonesia ______.

제 친구의 집은 멀어요.
Rumah teman saya ______.

제 아버지의 차는 빨라요.
Mobil ayah saya ______.

제 어머니의 가방은 낡았어요.
Tas ibu saya ______.

실전 회화

Track 04-3

Lina 따ㅅ 이뚜 바루
Tas itu baru?

Nate 야 사야 믐블리냐 디 몰 아베쎄
Ya, saya membelinya di mal ABC.

Lina 따ㅅ냐 바구ㅅ
Tasnya bagus.
몰 아베쎄 브사ㄹ
Mal ABC besar?

Nate 야 몰 이뚜 브사ㄹ
Ya, mal itu besar.
사야 수까 몰 이뚜
Saya suka mal itu.

한국어 해석

리나 이 가방 새것이니?

네이트 응, 나 이거 ABC 백화점에서 샀어.

리나 그 가방 좋다.
ABC 백화점은 커?

네이트 응, 그 백화점은 커.
나는 그 백화점을 좋아해.

인도네시아 문화 Tip!

인도네시아 통계청 조사에 따르면, 인도네시아에는 1,331개의 부족과 652개의 토착 언어가 공존하고 있습니다. 이에 모든 지역을 통합하여 아우르기 위해 지정된 공용어가 바로 우리가 배우는 bahasa Indonesia입니다.

연습 문제

1. 녹음을 듣고 빈칸을 채워 넣어 올바른 문장을 만들어 보세요. Track 04-4

① Ini ____________________.

② Rumah saya ____________________.

③ Mal itu ____________________.

④ Lina membeli tas. ____________________ bagus.

2. 제시된 형용사와 반대되는 의미의 형용사를 연결해 보세요.

① besar	ⓐ dekat
② jauh	ⓑ kotor
③ cepat	ⓒ kecil
④ susah / sulit	ⓓ lambat
⑤ bersih	ⓔ mudah

정답

1. ① susah ② besar ③ dekat ④ Tasnya
2. ①-ⓒ ②-ⓐ ③-ⓓ ④-ⓔ ⑤-ⓑ

Saya minum teh manis.

저는 달콤한 차를 마셔요.

학습 목표

- 형용사의 명사 수식에 대해 배워봅니다.
- 형용사의 용법 차이에 대해 배워봅니다.

새 단어

발음에 유의하며 다음 단어를 듣고 따라 말해 보세요.

Track 05-1

인도네시아어	독음	뜻
teh	떼ㅎ	차(음료)
manis	마니ㅅ	달다
goreng	고랭	볶다, 튀기다
pedas	쁘다ㅅ	맵다
ikan	이깐	생선
bakar	바까ㄹ	굽다
enak	에낙	맛있다
ayam	아얌	닭
gurih	구리ㅎ	고소하다
mi	미	면(면 종류를 통칭)
hambar / tawar	함바ㄹ / 따와ㄹ	싱겁다
obat	오밧	약
pahit	빠힛	(맛이) 쓰다
asin	아신	짜다
asam	아삼	시다

핵심 문법

1. 형용사의 명사 수식

형용사의 명사 수식
명사 (+ yang) + 형용사

① 명사를 수식하는 형용사

인도네시아어는 우리말과 반대로 형용사가 명사 뒤에서부터 차례로 수식합니다. 예를 들어, '예쁜 꽃'을 인도네시아어로 하면 'bunga(꽃) + cantik(예쁜)'이 됩니다.

밥 볶은 매운
- **nasi goreng pedas** 매운 볶음밥

생선 구이 맛있는
- **ikan bakar enak** 맛있는 생선구이

② 특정한 성질을 강조

형용사 앞에 '~한', '~인'이라는 뜻의 yang을 써서 형용사를 한층 더 강조할 수 있습니다. 예를 들어, 매운 나시고랭과 짠 나시고랭 중 매운 나시고랭을 지칭할 때 형용사 앞에 yang을 붙여 강조하여 나타낼 수 있습니다.

밥 볶은 ~한/~인 매운
- **nasi goreng yang pedas** 매운(맛인) 볶음밥

생선 구이 ~한/~인 맛있는
- **ikan bakar yang enak** 맛있는 (맛인) 생선구이

2. 형용사의 용법 구분

형용사 용법	구분 방법
명사 수식	주로 yang을 사용하여 구분
형용사 술어문	주로 ini나 itu를 사용하여 구분

① 명사 수식

형용사가 명사를 수식함을 더 확실히 나타내기 위해 주로 수식을 나타내는 yang을 활용합니다.

- **jus manis → jus yang manis** 단 주스
- **ayam bakar gurih → ayam bakar yang gurih** 고소한 닭 구이

② 형용사 술어문

형용사 술어문임을 더 확실히 나타내기 위해 주로 지시사 ini나 itu를 활용합니다.

- **mi goreng hambar. → mi goreng itu hambar.** 그 볶음면은 싱거워요.
- **obat pahit. → obat ini pahit.** 이 약은 써요.

③ 명사 수식 + 형용사 술어문

앞서 설명한 두 가지 표현을 함께 활용하여 명사 수식 형용사가 포함된 형용사 술어문을 만들 수도 있습니다.

- **Ayam goreng yang asin itu gurih.** 그 짠 닭튀김은 고소해요.
- **Ikan goreng yang pedas itu enak.** 그 매운 생선튀김은 맛있어요.

필수 패턴

다음 문장을 세 번씩 따라 읽어 보세요.  

때ㅎ 이니 에낙
Teh ini enak.

주ㅅ 이니 아삼
Jus ini asam.

이니 나시 양 바루
Ini nasi yang baru.

이뚜 미 양 라마
Itu mi yang lama.

이니 미 고랭 쁘다ㅅ
Ini mi goreng pedas.

끌루아르가 사야 수까 떼ㅎ 따와ㄹ
Keluarga saya suka teh tawar.

나시 고랭 이뚜 나시 고랭 양 아신
Nasi goreng itu nasi goreng yang asin.

이부 믐블리 아얌 고랭 디 몰 드깟
Ibu membeli ayam goreng di mal dekat.

이깐 바까ㄹ 양 함바ㄹ 이뚜 브사ㄹ
Ikan bakar yang hambar itu besar.

한국어 뜻을 보고 인도네시아어로 따라 쓰고 빈칸에 알맞은 말을 써 보세요.

이 차는 맛있어요.

Teh ini ________.

이 주스는 셔요.

Jus ini ________.

이것은 새 밥이에요.

Ini nasi yang ________.

저것은 오래된 면이에요.

Itu mi yang ________.

이것은 매운 볶음면이에요.

Ini mi goreng ________.

저희 가족은 싱거운 차를 좋아해요.

Keluarga saya suka teh ________.

저 볶음밥은 짠 볶음밥이에요.

Nasi goreng itu nasi goreng yang ________.

어머니는 가까운 백화점에서 닭튀김을 샀어요.

Ibu membeli ayam goreng di ________.

그 싱거운 생선구이는 커요.

________ yang hambar itu besar.

실전 회화

Track 05-3

Lina Nate, kamu makan apa?
네이트 까무 마깐 아빠

Nate Saya makan ikan bakar yang pedas.
사야 마깐 이깐 바까ㄹ 양 쁘다ㅅ

Kamu minum apa?
까무 미눔 아빠

Lina Saya minum teh manis.
사야 미눔 떼ㅎ 마니ㅅ

Kamu suka teh manis?
까무 수까 떼ㅎ 마니ㅅ

Nate Tidak, saya suka teh yang tawar.
띠닥 사야 수까 떼ㅎ 양 따와ㄹ

한국어 해석

리나 네이트, 너 뭐 먹어?

네이트 나 매운 생선구이를 먹고 있어.
너는 뭐 마셔?

리나 난 달콤한 차를 마셔.
너도 달콤한 차 좋아하니?

네이트 아니, 나는 싱거운 차를 좋아해.

인도네시아 문화 Tip!

수도권 지역일수록 대형 쇼핑몰들이 각 지역의 랜드마크 역할을 합니다. 인도네시아 쇼핑몰은 쇼핑뿐만 아니라 놀이, 운동, 여가, 종교를 아우르는 다양한 시설들이 한데 모여 있기 때문에, 주말이나 여가 시간을 쇼핑몰에서 보내는 경우가 많습니다.

연습 문제

1. 녹음을 듣고 빈칸을 채워 넣어 올바른 문장을 만들어 보세요. Track 05-4

① Saya suka ______________________.

② ______________________ itu enak.

③ Jus ini ________________ manis.

④ Saya makan ________________________________.

2. 제시된 단어의 한국어 뜻을 알맞게 연결해 보세요.

① gurih	ⓐ 시다
② hambar	ⓑ 싱겁다
③ asam	ⓒ 고소하다
④ tidak enak	ⓓ 맛없다
⑤ asin	ⓔ 짜다

정답

1. ① teh manis ② Ayam bakar ③ yang ④ mi goreng yang enak
2. ①-ⓒ ②-ⓑ ③-ⓐ ④-ⓓ ⑤-ⓔ

Ini adalah adik saya.

이쪽은 제 동생이에요.

학습 목표

- adalah 동사를 배워봅니다.
- 가족을 소개하는 표현을 배워봅니다.

새 단어

발음에 유의하며 다음 단어를 듣고 따라 말해 보세요. Track 06-1

인도네시아어	독음	뜻
adik	아딕	동생
guru	구루	교사, 선생님
tata bahasa	따따 바하사	문법
anak	아낙	아이
laki-laki / pria	라끼-라끼 / 쁘리아	남자, 남성
perempuan / wanita	쁘름뿌안 / 와니따	여자, 여성
paman	빠만	삼촌, 이모부, 고모부
kakak	까깍	오빠, 형 / 언니, 누나
bibi	비비	이모, 고모, 숙모
murid	무리ㄷ	학생
menulis	므눌리ㅅ	쓰다, 적다
sambil	삼빌	~하면서
siapa	시아빠	누구
saudara	사우다라	형제
lihat	리핫	보다, 바라보다
foto	포또	사진

핵심 문법

1. adalah 동사 ~이다

① 문장의 의미를 강조

adalah를 생략하지 않으면 그 문장의 의미가 강조됩니다. 연설을 하는 경우처럼 주로 공식적인 자리에서 많이 쓰입니다. 직업을 소개할 때도 adalah를 생략하지 않습니다.

- **Kita adalah orang Korea!** 우리는 한국인입니다!
- **Saya adalah guru kelas tata bahasa Indonesia.**
  제가 인도네시아어 문법 교사입니다.

② 문장 성분을 구분

문장의 길이가 긴 경우 주어부와 서술부의 구분이 어려울 때 두 부분을 명확히 구분하기 위해 사용합니다.

주어부 / 서술부

- **Adik laki-laki ibu paman.** 어머니의 남동생은 삼촌입니다.
- **Adik laki-laki ibu adalah paman.** 어머니의 남동생은 삼촌입니다.

③ 대부분은 생략 가능

대부분의 경우, 특히 구어체에서는 adalah를 생략하고 쓰는 경우가 많습니다.

- **Anak itu (adalah) anak saya.** 저 아이는 제 아이입니다.
- **Laki-laki itu (adalah) ayah saya.** 저 남자분은 제 아버지입니다.

2. 가족 소개

가족을 나타내는 표현		예시
가족 명칭 +	perempuan 여성	anak perempuan 딸 adik perempuan 여동생
	laki-laki 남성	anak laki-laki 아들 adik laki-laki 남동생

① 자녀를 나타내는 표현

'아이'를 뜻하는 anak 뒤에 성별을 나타내는 단어를 붙여서 딸, 아들을 표현할 수 있습니다.

- **Ini** anak perempuan **saya.** 이쪽은 제 딸입니다.
- **Ini tas** anak laki-laki **saya.** 이것은 제 아들의 가방입니다.

② 형제를 나타내는 표현

손위 형제는 kakak, 손아래 형제는 adik이라고 부릅니다. 우리말과 달리 부르는 사람의 성별은 무관하여 동일하고, 형제의 성별에 따라 해당 단어를 붙이면 됩니다.

- Kakak laki-laki **saya suka makan mi.** 저희 형(오빠)은 라면 먹는 걸 좋아합니다.
- Adik **saya belajar bahasa Indonesia.** 저희 동생은 인도네시아어를 공부합니다.

③ 성별 표현 시 유의사항

대화하는 상대가 여성일 때 'perempuan(여자)'이라고 칭하면 자칫 낮잡아보는 어감으로 들릴 수 있으므로 여성을 직접적으로 지칭할 때는 'wanita(여성)'라는 표현으로 대체하여 쓰는 것이 좋습니다.

- Perempuan **itu bibi saya.** 저 여자가 제 이모입니다. (△)
- Wanita **itu bibi saya.** 저 여성분이 제 이모입니다. (○)

필수 패턴

다음 문장을 세 번씩 따라 읽어 보세요.  Track 06-2

이니 아달라ㅎ 아낙 라끼-라끼 사야
Ini adalah anak laki-laki saya.

와니따 이뚜 아달라ㅎ 오랑 인도네시아
Wanita itu adalah orang Indonesia.

무리ㄷ 이니 아달라ㅎ 아딕 사야
Murid ini adalah adik saya.

빠만 디아 오랑 잉그리ㅅ
Paman dia orang Inggris.

루마ㅎ 브사ㄹ 이뚜 루마ㅎ 비비 므레까
Rumah besar itu rumah bibi mereka.

모빌 쯔빳 이니 모빌 빠만 블리아우
Mobil cepat ini mobil paman beliau.

이부 사야 아달라ㅎ 구루 바하사 즈빵
Ibu saya adalah guru bahasa Jepang.

끌라ㅅ 므눌리ㅅ 아달라ㅎ 끌라ㅅ 양 무다ㅎ
Kelas menulis adalah kelas yang mudah.

오밧 양 빠힛 이뚜 오밧 이부 사야
Obat yang pahit itu obat ibu saya.

한국어 뜻을 보고 인도네시아어로 따라 쓰고 빈칸에 알맞은 말을 써 보세요.

이 사람은 제 아들이에요.
Ini adalah ____________ saya.

그 여성은 인도네시아인이에요.
____________ adalah orang Indonesia.

이 학생이 제 동생이에요.
Murid ini adalah ____________.

그의 삼촌은 영국인이에요.
____________ orang Inggris.

그 큰 집은 그들 이모의 집이에요.
Rumah besar itu rumah ____________.

이 빠른 차는 그분 삼촌의 차예요.
Mobil cepat ini mobil ____________.

저희 어머니가 일본어 선생님이에요.
____________ adalah guru bahasa Jepang.

쓰기 수업이 쉬운 수업이에요.
____________ adalah kelas yang mudah.

그 쓴 약은 어머니의 약이에요.
Obat yang pahit itu ____________ saya.

실전 회화

Track 06-3

Lina (Sambil lihat foto) Nate, itu ibumu?
삼빌 리핫 포또 네이트 이뚜 이부무

Nate Ini adalah bibi saya.
이니 아달라 비비 사야

Lina (Sambil lihat foto) Itu siapa?
삼빌 리핫 포또 이뚜 시아빠

Nate Ini adalah adik saya.
이니 아달라ㅎ 아딕 사야
Adik saya tinggal di Indonesia.
아딕 사야 띵갈 디 인도네시아

Lina Oh, adik perempuan saya juga tinggal di Indonesia.
오 아딕 쁘름뿌안 사야 주가 띵갈 디 인도네시아

한국어 해석

리나 (사진을 보며) 네이트, 그분이 너희 어머니셔?

네이트 이분은 우리 이모야.

리나 (사진을 보며) 그 사람은 누구야?

네이트 이쪽은 내 동생이야.
내 동생은 인도네시아에 살고 있어.

리나 오, 내 여동생도 인도네시아에 살고 있어.

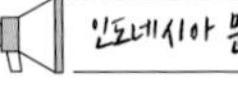

인도네시아 문화 Tip!

보통 한국은 촌수가 가까울수록 가까운 유대관계를 가지며 촌수별로 호칭이 세분화되지만, 인도네시아는 이러한 촌수의 개념이 크게 부각되지 않아 형제라는 의미인 saudara가 친인척부터 민족까지 굉장히 넓은 범주를 포괄합니다.

연습 문제

1. 녹음을 듣고 빈칸을 채워 넣어 올바른 문장을 만들어 보세요. Track 06-4

① Itu ____________ kakak laki-laki saya.

② ______________________________ bekerja di Indonesia.

③ Beliau adalah ______________________________.

④ Itu adalah ______________________________.

2. 다음 문장에서 adalah가 들어가기에 적합한 위치를 골라 보세요.

① Saya (1) guru (2) bahasa Indonesia (3).

② Kelas (1) ini (2) kelas (3) menulis.

③ Murid itu (1) orang (2) Indonesia (3).

④ Meja (1) yang bagus itu (2) meja (3) saya.

정답

1. ① adalah ② Adik perempuan saya ③ guru bahasa Korea ④ ibu dan ayah saya
2. ① 1 ② 2 ③ 1 ④ 2

Itu bukan tiket saya.

그건 제 티켓이 아니에요.

학습 목표

- 부정부사 bukan을 배워봅니다.
- 명사 의문문을 배워봅니다.

새 단어

발음에 유의하며 다음 단어를 듣고 따라 말해 보세요.

Track 07-1

인도네시아어	독음	뜻
tiket	띠껫	티켓
bagasi	바가시	수하물, 짐
sepeda	스뻬다	자전거
tempat duduk	뜸빳 두둑	좌석
sini / situ / sana	시니 / 시뚜 / 사나	여기 / 거기 / 저기
ada	아다	있다, 존재하다
pintu keluar	삔뚜 끌루아ㄹ	출구
(sepeda) motor	(스뻬다) 모또ㄹ	오토바이
pintu masuk	삔뚜 마숙	입구
kopor	꼬뽀ㄹ	캐리어
bandara internasional	반다라 인떠르나시오날	국제 공항
taksi	딱시	택시
pesawat	쁘사왓	비행기
baik	바익	좋다
mana	마나	어디

1. 부정부사 bukan

bukan의 활용	문장 구조
명사 부정	bukan + 명사 (명사)가 아니다
부가의문문	~, (bu)kan? ~하지 않나요?

① 명사의 부정

명사를 부정할 때는 명사 앞에 '~이(가) 아니다'라는 의미인 bukan을 씁니다. 부정하고자 하는 명사의 앞에 위치합니다.

- **Dia bukan orang Korea.** 그는 한국인이 아닙니다.
- **Bagasi ini bukan bagasi ibu.** 이 수화물은 어머니의 수화물이 아니에요.

② 동사 adalah와 함께 쓰지 못함

명사 부정문을 포함한 모든 부정문에는 동사 adalah를 함께 쓸 수 없습니다.

- **Sepeda ini adalah bukan sepeda saya.** (X)
- **Sepeda ini bukan sepeda saya.** 이 자전거는 제 자전거가 아닙니다. (O)

③ 부가의문문에서의 쓰임

bukan은 '~하지 않나요?'라는 의미의 부가의문문에서도 사용됩니다. 이때는 kan으로 축약해서 쓰기도 합니다.

- **Ini tempat duduk kamu, bukan?** 여기 네 좌석이지 않아?
- **Di situ ada pintu keluar, kan?** 저기 출구가 있지 않아?

2. 명사 의문문

명사 의문문

apakah + 주어 + 서술어(명사)
(주어)는 (명사)인가요?

① 의문대명사 apakah

'(명사)인가요?'라는 뜻으로 명사 의문문을 만드는 apakah는 주로 격식체로 쓰이며 구어체에서는 생략하는 경우가 많습니다.

- **(Apakah) kamu orang Korea?** 당신은 한국인인가요?
- **(Apakah) motor ini motor baru?** 이 오토바이는 새 오토바이인가요?

② apakah 명사 의문문에 대답하기

apakah 명사 의문문에 답할 때는 긍정인 경우에 ya를, 부정인 경우에 bukan을 쓰면 됩니다.

A (Apakah) itu sepeda adik kamu?
그것은 네 동생 자전거니?

B Ya, ini sepeda baru adik saya.
응, 이건 내 동생의 새 자전거야.

A (Apakah) pintu itu pintu keluar?
저 문이 출구인가요?

B Bukan, pintu itu pintu masuk.
아뇨, 저 문은 입구예요.

필수 패턴

다음 문장을 세 번씩 따라 읽어 보세요.

아빠까ㅎ 이니 띠껫무
Apakah ini tiketmu?

아빠까ㅎ 삔뚜 디 사나 삔뚜 끌루아ㄹ
Apakah pintu di sana pintu keluar?

아빠까ㅎ 바가시 이뚜 바가시 이부
Apakah bagasi itu bagasi ibu?

아빠까ㅎ 꼬뽀ㄹ 바구ㅅ 이니 꼬뽀ㄹ 아야ㅎ
Apakah kopor bagus ini kopor ayah?

디 시니 부깐 반다라 인떠르나시오날
Di sini bukan bandara internasional.

이니 부깐 빠스뽀ㄹ꾸
Ini bukan pasporku.

스뻬다 라마 이뚜 부깐 스뻬다 아딕 사야
Sepeda lama itu bukan sepeda adik saya.

모빌 브르시ㅎ 이뚜 부깐 딱시
Mobil bersih itu bukan taksi.

모또ㄹ 쯔빳 이뚜 부깐 모또ㄹ 아야ㅎ
Motor cepat itu bukan motor ayah.

한국어 뜻을 보고 인도네시아어로 따라 쓰고 빈칸에 알맞은 말을 써 보세요.

이것은 당신 티켓인가요?

Apakah ini ______?

저기 있는 문은 출구인가요?

Apakah pintu di sana ______?

저 수화물은 어머니 수화물인가요?

Apakah ______ bagasi ibu?

이 좋은 캐리어는 아버지 캐리어인가요?

Apakah ______ kopor ayah?

여기는 국제 공항이 아니에요.

Di sini ______ bandara internasional.

이건 제 여권이 아니에요.

Ini bukan ______.

그 오래된 자전거는 제 동생의 자전거가 아니에요.

______ bukan sepeda adik saya.

그 깨끗한 차는 택시가 아니에요.

Mobil bersih itu ______.

그 빠른 오토바이는 아버지의 오토바이가 아니에요.

______ bukan motor ayah.

실전 회화

Track 07-3

네이트 아빠까ㅎ 이니 띠껫 쁘사왓무
Lina Nate, apakah ini tiket pesawatmu?

부깐 이뚜 부깐 띠껫 사야
Nate Bukan, itu bukan tiket saya.
이니 아달라ㅎ 띠껫 사야
Ini adalah tiket saya.

바익 삔뚜 마숙 디 마나 야
Lina Baik, pintu masuk di mana, ya?

이니 삔뚜 끌루아ㄹ
Nate Ini pintu keluar.
삔뚜 마숙 아다 디 사나
Pintu masuk ada di sana.

한국어 해석

리나 네이트, 이거 네 비행기 티켓이니?

네이트 아니, 그건 내 티켓이 아니야.
이게 내 티켓이야.

리나 그렇구나, 입구는 어디에 있지?

네이트 여기는 출구야.
입구는 저기에 있어.

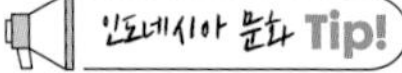

인도네시아에서는 왼손이 부정적인 이미지를 가집니다. 따라서 상대에게 악수를 청할 때나 물건을 건넬 때는 반드시 왼손이 아닌 오른손을 사용해야 합니다.

연습 문제

1. 녹음을 듣고 빈칸을 채워 넣어 올바른 문장을 만들어 보세요. Track 07-4

① ____________________ ini kopor kamu, bukan?

② Itu __________ buku bahasa Indonesia.

③ __________ taksi itu mobil baru?

④ Apakah pintu kecil ini ____________________?

2. 다음 중 올바른 문장에는 ○표시를, 틀린 문장에는 X표시를 하세요.

① Pintu ini adalah pintu masuk. (　　)

② Apakah pesawat itu pesawat baru? (　　)

③ Apakah adikmu belajar bahasa Inggris? (　　)

④ Tempat duduk ini adalah bukan tempat duduk Anda. (　　)

정답

1. ① Kopor besar ② bukan ③ Apakah ④ pintu masuk
2. ① O ② O ③ O ④ X (부정문에는 adalah를 넣을 수 없으므로 adalah 삭제)

08과

Saya tidak bekerja hari ini.

저는 오늘 일하지 않아요.

학습 목표

- 부정부사 tidak(1)을 배워봅니다.
- 동사 의문문을 배워봅니다.

새 단어

발음에 유의하며 다음 단어를 듣고 따라 말해 보세요. Track 08-1

인도네시아어	독음	뜻
hari ini	하리 이니	오늘
naik	나익	타다, 오르다
masuk kerja	마숙 끄르자	출근하다
kemarin	끄마린	어제
pulang	뿔랑	집에 가다, 귀가하다
dari	다리	~에서, ~로부터
kampus	깜뿌ㅅ	학교, 교정
mengajar	믕아자ㄹ	가르치다
universitas	우니베르시따ㅅ	대학교
berangkat	브랑깟	출발하다
kembali	끔발리	돌아오다
toko	또꼬	가게, 상점
menjadi	믄자디	되다
tetapi	뜨따삐	하지만
kantor	깐또ㄹ	사무실

핵심 문법

1. 부정부사 tidak(1)

tidak의 활용	문장 구조
동사 부정	tidak + 동사 (동사)하지 않다

① 동사의 부정

동사를 부정할 때는 '~하지 않다'라는 의미인 tidak을 씁니다. 부정하고자 하는 동사의 앞에 위치합니다. 축약 표현으로 tak이라고 쓰기도 합니다.

- **Ayah saya tidak naik taksi.** 아버지는 택시를 타지 않으세요.
- **Adik saya tak belajar hari ini.** 제 동생은 오늘 공부하지 않습니다.

② 동사 adalah와 함께 쓰지 못함

동사 부정문을 포함한 모든 부정문은 동사 adalah와 함께 쓸 수 없습니다.

- **Rani adalah tidak masuk kerja hari ini.** (X)
- **Rani tidak masuk kerja hari ini.** 라니는 오늘 출근하지 않았습니다. (O)

③ 유의어 nggak

tidak은 구어체에서 흔히 nggak이라고 말하기도 합니다.

- **Kemarin aku nggak pulang rumah.** 나 어제 집에 안 갔어.
- **Dia nggak suka naik sepeda.** 그는 자전거 타는 걸 좋아하지 않아.

2. 동사 의문문

동사 의문문

apakah + 주어 + 서술어(동사)
(주어)는 (동사)하나요?

① 의문대명사 apakah

명사 의문문과 마찬가지로 동사 의문문에도 의문사 apakah를 사용합니다. '(동사)하나요?'라는 뜻으로 주로 격식체로 쓰이며 구어체에서는 생략하는 경우가 많습니다.

- **(Apakah) keluarga kamu tinggal di Prancis?**
  당신 가족은 프랑스에 사나요?
- **(Apakah) Ibu Lina menulis bahasa Indonesia?**
  리나 씨는 인도네시아어를 쓰나요?

② apakah 동사 의문문에 대답하기

apakah 동사 의문문에 답할 때는 긍정인 경우에 ya를, 부정인 경우에 tidak을 쓰면 됩니다.

A (Apakah) adikmu pulang dari kampus?
네 동생은 학교에서 돌아왔니?

B Ya, dia pulang dari kampus.
응, 그는 학교에서 돌아왔어.

A (Apakah) kamu mengajar di Universitas Korea?
당신은 한국대학교에서 가르치나요?

B Tidak, Saya tidak mengajar di Universitas Korea.
아뇨, 저는 한국대학교에서 가르치지 않아요.

필수 패턴

다음 문장을 세 번씩 따라 읽어 보세요.  

아빠까ㅎ 블리아우 마숙 끄르자 하리 이니
Apakah beliau masuk kerja hari ini?

아빠까ㅎ 안다 브랑깟 다리 루마ㅎ
Apakah Anda berangkat dari rumah?

아빠까ㅎ 음바 리나 띠닥 끔발리 다리 또꼬 이뚜
Apakah mbak Lina tidak kembali dari toko itu?

아빠까ㅎ 아낙 이뚜 띠닥 믄자디 구루
Apakah anak itu tidak menjadi guru?

아빠까ㅎ 이부무 뿔랑 다리 몰
Apakah ibumu pulang dari mal?

깜뿌ㅅ 까미 띠닥 아다 디 서울
Kampus kami tidak ada di Seoul.

뜨만 다리 아메리까 띠닥 아다 띠껫 이뚜
Teman dari Amerika tidak ada tiket itu.

구루 이뚜 띠닥 믕아자ㄹ 디 우니베르시따ㅅ 이니
Guru itu tidak mengajar di universitas ini.

까미 띠닥 믐바짜 부꾸 양 뜨발 이뚜
Kami tidak membaca buku yang tebal itu.

한국어 뜻을 보고 인도네시아어로 따라 쓰고 빈칸에 알맞은 말을 써 보세요.

그분은 오늘 출근하나요?
Apakah beliau ______ hari ini?

당신은 집에서 출발했나요?
Apakah Anda ______ dari rumah?

리나 씨는 그 가게에서 안 돌아왔나요?
Apakah mbak Lina ______ dari toko itu?

그 아이는 선생님이 되지 않았나요?
Apakah anak itu ______ guru?

당신의 어머니는 백화점에서 귀가하셨나요?
Apakah ibumu ______ dari mal?

우리 캠퍼스는 서울에 없어요.
Kampus kami tidak ada ______.

미국에서 온 친구는 그 티켓이 없어요.
Teman dari Amerika tidak ada ______.

그 선생님은 이 대학교에서 가르치지 않아요.
Guru itu ______ di universitas ini.

우리는 그 두꺼운 책을 읽지 않았어요.
Kami ______ buku yang tebal itu.

실전 회화

Track 08-3

Andi	아빠까ㅎ 까무 마숙 끄르자 하리 이니 Apakah kamu masuk kerja hari ini?
Yuka	띠닥 사야 띠닥 브끄르자 하리 이니 Tidak, saya tidak bekerja hari ini. 까무 브끄르자 하리 이니 Kamu bekerja hari ini?
Andi	야 사야 브끄르자 하리 이니 Ya, saya bekerja hari ini. 뜨따삐 사야 브끄르자 디 루마ㅎ Tetapi saya bekerja di rumah.
Yuka	와ㅎ 바구ㅅ Wah, bagus.

한국어 해석

안디	오늘 너는 출근하니?
유카	아니, 나는 오늘 일 안 해. 너는 오늘 일해?
안디	응, 나는 오늘 일해. 그런데 나는 집에서 일해.
유카	오, 좋다.

인도네시아 문화 Tip!

인도네시아는 종교의 다양성을 인정하지만 종교 자체는 의무인 특이한 나라입니다. 모든 국민들은 국가에서 지정한 6개 종교(이슬람교, 개신교, 천주교, 불교, 힌두교, 유교) 중 한 가지를 선택해야 하며, 신분증에도 종교가 표기됩니다.

1. 녹음을 듣고 빈칸을 채워 넣어 올바른 문장을 만들어 보세요. Track 08-4

① ______________ kamu mengajar di kampus ini?

② Saya ______________ makan hari ini.

③ Ayah saya tidak ______________________.

④ Kami ______________ dari mal.

2. 다음 빈칸에 bukan과 tidak 중 알맞은 단어를 넣어 문장을 완성해 보세요.

① Paspor ini ______________ paspor saya.
이 여권은 제 여권이 아니에요.

② Teman saya ______________ menjadi guru.
제 친구는 선생님이 되지 않았어요.

③ Itu kamusmu. Kamusnya ______________ kamusku.
그건 네 사전이야. 그 사전은 내 사전이 아니야.

④ Beliau ______________ membeli tas yang mahal itu.
그분은 그 비싼 가방을 사지 않았어요.

정답

1. ① Apakah ② tidak ③ berangkat kerja ④ pulang
2. ① bukan ② tidak ③ bukan ④ tidak

Cuaca hari ini tidak panas.

오늘 날씨는 덥지 않아요.

학습 목표

- 부정부사 tidak(2)을 배워봅니다.
- 형용사 의문문을 배워봅니다.

발음에 유의하며 다음 단어를 듣고 따라 말해 보세요.

Track 09-1

인도네시아어	독음	뜻
cuaca	쭈아짜	날씨
panas	빠나ㅅ	덥다, 뜨겁다
turun hujan	뚜룬 후잔	비가 내리다
pekerjaan	쁘끄르자안	직업, 업무
karyawan	까르야완	직원, 회사원
dingin	딩인	춥다, 차갑다
juga	주가	~도, ~역시
berawan	브르아완	구름이 끼다
turun salju	뚜룬 살주	눈이 내리다
kurang	꾸랑	덜하다, 부족하다
begitu	브기뚜	그다지, 그러한
hangat	항앗	따뜻하다
cerah	쯔라ㅎ	맑다
sejuk	스죽	시원하다
bagaimana	바가이마나	어떠한, 어떻게
mendung	믄둥	흐리다

핵심 문법

1. 부정부사 tidak(2)

tidak의 활용	문장 구조
형용사 부정	tidak + 형용사 (형용사)하지 않다

① 형용사의 부정

동사의 부정과 마찬가지로 형용사를 부정할 때도 '~하지 않다'라는 의미인 tidak을 씁니다. 부정하고자 하는 형용사 앞에 위치합니다. 축약 표현으로 tak이라고 쓰기도 합니다.

- **Cuaca di Seoul tidak panas.** 서울의 날씨는 덥지 않습니다.
- **Kopor ini tak besar.** 이 캐리어는 크지 않습니다.

② 동사 adalah와 함께 쓰지 못함

형용사 부정문을 포함한 모든 부정문은 adalah와 함께 쓸 수 없습니다.

- **Hari ini adalah tidak turun hujan.** (X)
- **Hari ini tidak turun hujan.** 오늘은 비가 오지 않습니다. (O)

③ tidak과 bukan의 차이

tidak과 bukan은 같은 부정부사이지만 형용사구문과 동사구문을 부정할 때는 tidak을, 명사구문을 부정할 때는 bukan을 쓰므로 혼동하지 않도록 주의해야 합니다.

- **Kami tidak bekerja di kantor hari ini.** 저희는 오늘 사무실에서 일하지 않습니다.
- **Pekerjaan saya bukan karyawan.** 제 직업은 회사원이 아닙니다.

2. 형용사 의문문

형용사 의문문

apakah + 주어 + 서술어(형용사)
(주어)는 (형용사)한가요?

① 의문대명사 apakah

명사, 동사 의문문과 마찬가지로 형용사 의문문도 의문사 apakah를 사용하여 만들 수 있습니다. '(형용사)한가요?'라는 뜻으로 주로 격식체로 자주 쓰이며 구어체에서는 생략하는 경우가 많습니다.

- **(Apakah) sepeda itu cepat?** 그 자전거는 빠른가요?
- **(Apakah) cuaca Jerman hari ini dingin?** 오늘 독일의 날씨는 춥나요?

② apakah 형용사 의문문에 대답하기

apakah 형용사 의문문에 답할 때는 동사 의문문에 답할 때와 마찬가지로 긍정인 경우에 ya를, 부정인 경우에 tidak을 쓰면 됩니다.

A (Apakah) cuaca kemarin juga panas?
어제 날씨도 더웠나요?

B Ya, cuaca kemarin juga panas.
네, 어제 날씨도 더웠어요.

A (Apakah) kantor Anda besar?
당신의 사무실은 큰가요?

B Tidak, kantor saya tidak besar.
아뇨, 제 사무실은 크지 않아요.

필수 패턴

다음 문장을 세 번씩 따라 읽어 보세요.  

아빠까ㅎ 루마ㅎ무 드깟
Apakah rumahmu dekat?

아빠까ㅎ 끄마린 브르아완
Apakah kemarin berawan?

아빠까ㅎ 쭈아짜 디 서울 띠닥 딩인
Apakah cuaca di Seoul tidak dingin?

아빠까ㅎ 쁘끄르자안 아낙무 까르야완
Apakah pekerjaan anakmu karyawan?

루마ㅎ 사야 띠닥 자우ㅎ 다리 시니
Rumah saya tidak jauh dari sini.

끄마린 뚜룬 살주 디 부산
Kemarin turun salju di Busan.

떼ㅎ 따와ㄹ 이뚜 꾸랑 빠나ㅅ
Teh tawar itu kurang panas.

쭈아짜 디 잉그리ㅅ 끄마린 띠닥 브기뚜 항앗
Cuaca di Inggris kemarin tidak begitu hangat.

쭈아짜 디 사나 띠닥 쯔라ㅎ 단 띠닥 스죽
Cuaca di sana tidak cerah dan tidak sejuk.

한국어 뜻을 보고 인도네시아어로 따라 쓰고 빈칸에 알맞은 말을 써 보세요.

당신의 집은 가깝나요?

Apakah ______ dekat?

어제는 구름이 꼈나요?

Apakah ______ berawan?

서울의 날씨는 춥지 않나요?

Apakah ______ tidak dingin?

당신 자녀의 직업은 회사원인가요?

Apakah pekerjaan anakmu ______?

우리 집은 여기서 멀지 않아요.

Rumah saya ______ dari sini.

어제 부산에는 눈이 내렸어요.

Kemarin ______ di Busan.

그 싱거운 차는 덜 뜨거워요.

Teh tawar itu ______.

어제 영국의 날씨는 그다지 따뜻하지 않았어요.

Cuaca di Inggris kemarin tidak begitu ______.

그곳의 날씨는 맑지 않고 시원하지도 않아요.

Cuaca di sana ______ dan tidak sejuk.

실전 회화

Track 09-3

Andi Bagaimana cuaca Amerika hari ini?
바가이마나 쭈아짜 아메리까 하리 이니

Yuka Cuaca hari ini kurang panas.
쭈아짜 하리 이니 꾸랑 빠나ㅅ
Tapi hari ini mendung dan berawan.
따삐 하리 이니 믄둥 단 브르아완

Andi Oh, begitu. Cuaca di sini juga tidak panas.
오 브기뚜 쭈아짜 디 시니 주가 띠닥 빠나ㅅ
Hari ini hangat dan cerah.
하리 이니 항앗 단 쯔라ㅎ

Yuka Oh, bagus.
오 바구ㅅ

한국어 해석

안디 오늘 미국 날씨는 어때?

유카 오늘 날씨는 덜 더워.
대신 오늘은 흐리고 구름이 꼈어.

안디 오, 그렇구나. 이곳 날씨도 덥지 않아.
오늘은 따뜻하고 맑아.

유카 오, 좋다.

 인도네시아 문화 Tip!

인도네시아는 적도에 위치한 열대 기후의 나라로 일년 내내 비슷한 기온을 유지합니다. 다만, 강수량은 월별로 큰 차이가 있어 5~10월은 비가 거의 내리지 않는 건기, 11~4월은 매일 비가 내리는 우기로 나뉩니다.

연습 문제

1. 녹음을 듣고 빈칸을 채워 넣어 올바른 문장을 만들어 보세요. Track 09-4

① ______________ cuaca di Korea hari ini?

② __________ mi goreng itu asin?

③ Rumah saya __________ bersih dan besar.

④ Cuaca di Seoul kurang panas _______________.

2. 다음 빈칸에 tidak과 kurang 중 알맞은 단어를 넣어 문장을 완성해 보세요.

① Teh ini ________ manis.
이 차는 덜 달아요.

② Cuaca hari ini _________ mendung.
오늘 날씨는 흐리지 않아요.

③ Paspor ini _________ baru.
이 여권은 새것이 아니에요.

④ Meja yang mahal ini ________ bagus.
저 비싼 책상은 별로 좋지 않아요.

정답

1. ① Bagaimana ② Apakah ③ tidak ④ dan mendung
2. ① kurang ② tidak ③ tidak ④ kurang

Toilet ada di mana?

화장실은 어디에 있나요?

학습 목표

- 전치사 di를 배워봅니다.
- 의문사 mana(1)을 배워봅니다.

새 단어

발음에 유의하며 다음 단어를 듣고 따라 말해 보세요. Track 10-1

인도네시아어	독음	뜻
atas	아따ㅅ	위
bawah	바와ㅎ	아래
kanan	까난	오른쪽
kiri	끼리	왼쪽
dalam	달람	안
luar	루아ㄹ	밖
sebelah	스블라ㅎ	옆(주로 방향과 관련하여 쓰임)
samping	삼삥	옆(주로 대상과 관련하여 쓰임)
depan	드빤	앞
belakang	블라깡	뒤
pergi	쁘르기	가다, 출발하다
berada	브르아다	~에 있다, 위치하다
permisi	쁘르미시	실례합니다
terima kasih	뜨리마 까시ㅎ	감사합니다
sama-sama	사마-사마	천만에요, 저도요
satpam	삿빰	경비원

1. 전치사 di ~에(서)

① 위치·장소를 나타냄

'~에(서)'라는 뜻으로 어떤 사람이 머물거나 사물이 존재하는 장소를 나타낼 때 장소나 위치를 나타내는 단어 앞에 di를 붙여서 표현합니다.

- **Saya tinggal di Seoul.** 저는 서울에 거주합니다.
- **Tas itu ada di atas meja.** 그 가방은 책상 위에 있습니다.

② 고정된 위치만을 나타냄

전치사 di는 다른 장소로 이동 중이거나 위치가 변하는 상황에서는 쓸 수 없고 고정된 상황에서만 쓸 수 있습니다.

- **Saya pergi di mal.** (X)
- **Saya berada di mal.** 나는 백화점에 (위치해) 있어. (○)

③ 전치사구 강조

di 전치사구를 문장 앞으로 가져오면 말하고자 하는 장소나 위치를 한층 더 강조할 수 있습니다.

- **Di dalam kantor ini ada karyawan baru.**
  이 사무실 안에는 새로운 직원이 있습니다.
- **Di depan mal ini ada universitas Korea.**
  이 백화점 앞에는 한국대학교가 있습니다.

2. 의문사 mana(1) 어디

① 위치·장소를 묻는 경우

전치사 di와 의문사 mana를 붙여 쓰면 '어디에'라는 의미인 di mana가 됩니다. 의문사이므로 문장의 앞이나 뒤에 비교적 자유롭게 위치할 수 있습니다.

- **Anda bekerja di mana?(= Di mana Anda bekerja?)**
  당신은 어디에서 일하나요?
- **Tas saya ada di mana?(= Di mana ada tas saya?)**
  제 가방은 어디에 있나요?

② sebelah와 samping로 대답하기

mana로 위치나 장소를 물었을 때 sebelah 또는 samping을 이용하여 '~옆에 있다'라는 대답을 할 수 있습니다. 두 단어 모두 '옆'이라는 의미이지만, 주로 sebelah는 '어느 방향의 옆'인지를 표현할 때 쓰고 samping은 '어느 대상 옆'인지를 표현할 때 씁니다.

A **Kursi ada di mana?**
책상의 오른쪽 옆에는 의자가 있나요?

B **Kursi ada di sebelah kanan meja.**
의자는 책상의 오른쪽 옆에 있어요.

A **Komputer ada di mana?**
컴퓨터는 어디에 있나요?

B **Komputer ada di samping pintu.**
컴퓨터는 문 옆에 있어요.

필수 패턴

다음 문장을 세 번씩 따라 읽어 보세요. Track 10-2

까무 띵갈 디 마나
Kamu tinggal di mana?

이뚜 아다 디 바와ㅎ 모빌
Itu ada di bawah mobil.

아딕 쁘름뿌안 사야 아다 디 드빤 몰
Adik perempuan saya ada di depan mal.

아낙 라끼-라끼 이뚜 아다 디 블라깡 또꼬 이니
Anak laki-laki itu ada di belakang toko ini.

디 삼삥 꼼뿌떠ㄹ 아다 뻰실무
Di samping komputer ada pensilmu.

디 스블라ㅎ 까난 까무ㅅ 아다 볼뽀인
Di sebelah kanan kamus ada bolpoin.

뻬떼 아베쎄 브르아다 디 블라깡 반다라 인떠르나시오날
PT ABC berada di belakang bandara internasional.

쁘르미시 디 마나 아다 삔뚜 끌루아ㄹ
Permisi, di mana ada pintu keluar?

아딕무 브르아다 디 사나
Adikmu berada di sana?

한국어 뜻을 보고 인도네시아어로 따라 쓰고 빈칸에 알맞은 말을 써 보세요.

당신은 어디에 사나요?
Kamu tinggal ______?

그것은 차 아래에 있어요.
Itu ada ______ mobil.

제 여동생은 백화점 앞에 있어요.
Adik perempuan saya ada ______.

그 남자아이는 이 가게 뒤에 있어요.
Anak laki-laki itu ada ______ toko ini.

컴퓨터 옆에 당신의 연필이 있어요.
______ komputer ada pensilmu.

사전의 오른쪽에 볼펜이 있어요.
______ kamus ada bolpoin.

ABC 주식회사는 국제 공항 뒤에 있어요.
PT ABC ______ di belakang bandara internasional.

실례지만, 어디에 나가는 문이 있나요?
______, di mana ada pintu keluar?

당신 동생은 거기에 있나요?
Adikmu berada ______?

실전 회화

Track 10-3

쁘르미시 또일렛 아다 디 마나
Nate Permisi, toilet ada di mana?

또일렛 아다 디 스블라ㅎ 끼리 루아ㄹ 또꼬 이뚜
Satpam Toilet ada di sebelah kiri luar toko itu.

또꼬 양 브사ㄹ 이뚜
Nate Toko yang besar itu?

야 또일렛 아다 디 삼삥 또꼬 양 브사ㄹ 이뚜
Satpam Ya, toilet ada di samping toko yang besar itu.

바익 뜨리마 까시ㅎ
Nate Baik, terima kasih.

사마-사마
Satpam Sama-sama.

한국어 해석

네이트 실례지만, 화장실은 어디에 있나요?

경비원 화장실은 저 가게 밖 왼쪽에 있어요.

네이트 저 큰 가게요?

경비원 네, 저 큰 가게 옆에 화장실이 있어요.

네이트 알겠습니다. 감사합니다.

경비원 천만에요.

인도네시아 문화 Tip!

인도네시아는 세계 최대의 이슬람 인구 보유국이지만 이슬람교가 국교인 것은 아닙니다. 하지만 전체 인구의 약 90%가 이슬람교를 믿기 때문에 매일 다섯 번의 기도 시간을 갖는 등 종교와 관련된 모습을 주변에서 흔히 볼 수 있습니다.

연습 문제

1. 녹음을 듣고 빈칸을 채워 넣어 올바른 문장을 만들어 보세요. Track 10-4

① ______________ , toko itu ada di mana?

② Toilet ______________ belakang toko itu.

③ Tasku ada ________________.

④ Kamu ______________ di mana?

2. 다음 빈칸에 알맞은 단어를 넣어 문장을 완성해 보세요.

① Di _________ rumah kami ada mobil ayah.
저희 집 앞에는 아버지의 차가 있어요.

② Di __________ buku ini ada pensil.
이 책 아래에 연필이 있어요.

③ Paspormu ada di _________ tasku.
당신 여권은 제 가방 안에 있어요.

④ Keluarga kami ada di __________ toko yang besar itu.
우리 가족은 그 큰 가게 뒤에 있어요.

정답

1. ① Permisi ② ada di ③ di atas meja ④ berada
2. ① depan ② bawah ③ dalam ④ belakang

Kita akan ke mana saja besok?

내일 우리 어디 어디 갈까요?

학습 목표

- 전치사 ke를 배워봅니다.
- 의문사 mana(2)를 배워봅니다.

새 단어

발음에 유의하며 다음 단어를 듣고 따라 말해 보세요. Track 11-1

인도네시아어	독음	뜻
akan	아깐	~할 것이다
saja	사자	그저, 그냥
mana saja	마나 사자	아무 곳, 어느 어느 곳
besok	베속	내일
sekolah	스꼴라ㅎ	(초·중·고등)학교
pindah	삔다ㅎ	이사하다, 옮기다
masuk	마숙	들어가다
berjalan-jalan	브르잘란-잘란	산책하다, 놀러가다
berjalan (kaki)	브르잘란 (까끼)	걷다
taman	따만	공원
museum	무세움	박물관
kamar	까마ㄹ	방
keluar	끌루아ㄹ	나가다

1. 전치사 ke ~에, ~(으)로

① 목적지를 나타냄

전치사 ke는 '~에', '~(으)로'라는 뜻으로 어떤 사람이나 사물이 이동하여 도착하는 목적지를 나타낼 때 씁니다. 주로 '가다', '출발하다'라는 뜻의 동사인 pergi와 함께 쓰이곤 합니다.

- **Saya pergi ke sekolah.** 저는 학교에 가요.
- **Kita pindah ke Busan.** 우리는 부산으로 이사해요.

② 동사 pergi의 생략

구어체로 '~에 가다'라고 말할 경우에는 동사 pergi를 생략하고 전치사 ke만 말하는 경우가 많습니다.

- **Mereka akan (pergi) ke bandara hari ini.** 그들은 오늘 공항에 갈 거예요.
- **Kami akan (pergi) ke Bali besok.** 우리는 내일 발리에 갈 거예요.

③ 전치사구를 강조

di 전치사구와 마찬가지로 ke 전치사구 또한 문장 앞에 놓으면 말하고자 하는 장소나 위치를 한층 더 강조할 수 있습니다.

- **Ke pintu masuk dia masuk.** 출입문으로 그는 들어갔어요.
- **Naik ke atas meja anak itu.** 책상 위로 그 아이가 올라갔어요.

2. 의문사 mana(2) 어디

① 도착지를 묻는 경우

전치사 ke와 의문사 mana를 붙여 쓰면 '어디로'라는 의미인 ke mana가 됩니다. 의문사이므로 문장의 앞이나 뒤에 비교적 자유롭게 위치할 수 있습니다.

- **Kamu berjalan-jalan ke mana?(= Ke mana kamu berjalan-jalan?)**
  너는 어디로 산책을 가니?
- **Bapak Kim ke mana?(= Ke mana Bapak Kim?)**
  김 선생님, 어디 가세요?

② 특정하지 않은 곳을 나타내는 경우

mana 뒤에 '그냥'이라는 뜻인 saja를 붙이면 특정하지 않은 '아무 곳' 혹은 '어느 어느 곳'이라는 의미가 됩니다. 여기에 부정부사 tidak이 함께 쓰이면 '아무 데도'라는 반대 의미가 됩니다.

A **Kita akan pergi ke mana saja besok?**
내일 우리 어디 어디 가지?

B **Kita akan ke museum di Taman Mini.**
우리는 따만 미니에 있는 박물관에 갈 거야.

A **Kamu ke mana saja di busan?**
너 부산에서 어디 어디에 가?

B **Aku tidak ke mana saja.**
난 아무 데도 안 가.

필수 패턴

다음 문장을 세 번씩 따라 읽어 보세요.  

끄 마나
Ke mana?

이부 끄 마나
Ibu ke mana?

빠만냐 삔다ㅎ 끄 마나
Pamannya pindah ke mana?

끌루아르가 까무 띠닥 끄 마나 사자
Keluarga kamu tidak ke mana saja?

이부 신따 마숙 끄 달람 끌라ㅅ
Ibu Shinta masuk ke dalam kelas.

베속 까미 끔발리 끄 인도네시아
Besok kami kembali ke Indonesia.

이부 단 아야ㅎ 사야 띠닥 브르잘란-잘란 끄 무세움
Ibu dan ayah saya tidak berjalan-jalan ke museum.

와니따 이뚜 띠닥 쁘르기 끄 마나 사자 하리 이니
Wanita itu tidak pergi ke mana saja hari ini.

아딕 쁘름뿌안 사야 마숙 끄 달람 까마르냐
Adik perempuan saya masuk ke dalam kamarnya.

한국어 뜻을 보고 인도네시아어로 따라 쓰고 빈칸에 알맞은 말을 써 보세요.

어디 가나요?
Ke ______?

어머니는 어디에 가시나요?
Ibu ______ mana?

그 삼촌은 어디로 옮기셨나요?
Pamannya ______ ke mana?

당신 가족은 아무 데도 안 가나요?
______ tidak ke mana saja?

신따 선생님이 교실 안으로 들어갔어요.
Ibu Shinta ______ ke dalam kelas.

내일 우리는 인도네시아로 돌아가요.
Besok kami ______ ke Indonesia.

어머니와 아버지는 박물관으로 산책을 가지 않으셨어요.
Ibu dan ayah saya tidak ______ ke museum.

그 여성분은 오늘 아무 데도 가지 않았어요.
Wanita itu tidak pergi ke ______ hari ini.

제 여동생은 그녀의 방 안으로 들어갔어요.
Adik perempuan saya masuk ______ kamarnya.

실전 회화

Track 11-3

끼따 아깐 끄 마나 사자 베속
Andi Kita akan ke mana saja besok?

음 바가이마나 끼따 끄 몰 사자
Yuka Um……, bagaimana kita ke mal saja?
베속 아깐 빠나ㅅ 디 루아ㄹ
Besok akan panas di luar.

바익 리나 까무 주가 끄 몰 베속
Andi Baik. Lina, kamu juga ke mal besok?

띠닥 사야 띠닥 끄 몰
Lina Tidak, saya tidak ke mal.
사야 디 루마ㅎ 사자
Saya di rumah saja.

한국어 해석

안디 내일 우리 어디 어디 갈까?

유카 음……, 그냥 백화점에 가는 게 어때?
내일 밖은 더울 거야.

안디 좋아. 리나야, 너도 내일 백화점에 갈 거야?

리나 아니, 나는 백화점에 안 가.
나는 그냥 집에 있을게.

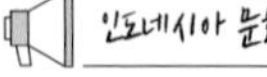

자와섬 중부에 분포한 자와족은 약 1억여 명 정도로 인도네시아에서 가장 규모가 큰 종족입니다. 두 번째로 규모가 큰 종족은 4천 5백여 명 규모의 순다족이고, 이 외에도 믈라유족, 바딱족, 마두라족 등 다양한 종족들이 있습니다.

연습 문제

1. 녹음을 듣고 빈칸을 채워 넣어 올바른 문장을 만들어 보세요. Track 11-4

① Kamu ________________?

② Saya tidak ________________.

③ Keluargaku ________________ ke Seoul.

④ Ibu dan ayah ________________ ke taman.

2. 다음 빈칸에 전치사 di와 ke 중 알맞은 단어를 넣어 문장을 완성해 보세요.

① kamu ada ______ mana?
당신은 어디에 있어요?

② Saya suka berbelanja ______ mal ABC.
저는 ABC 몰에서 쇼핑하는 걸 좋아해요.

③ Beliau keluar ______ pintu kelaur itu.
그분은 그 출구로 나가십니다.

④ Bibi akan pulang ______ Korea.
이모는 한국으로 귀국하실 거예요.

정답

1. ① ke mana ② ke mana saja ③ tidak pindah ④ berjalan-jalan
2. ① di ② di ③ ke ④ ke

Dari Jakarta ke Bali naik apa?

자카르타에서 발리까지 뭘 타고 가나요?

학습 목표

- 전치사 dari를 배워봅니다.
- 의문사 mana(3)을 배워봅니다.

새 단어

발음에 유의하며 다음 단어를 듣고 따라 말해 보세요. Track 12-1

인도네시아어	독음	뜻
apa	아빠	무엇
liburan	리부란	방학, 휴가
berasal	브르아살	출신이다
lahir	라히ㄹ	태어나다
mulai	물라이	시작하다
berlatih	브르라띠ㅎ	연습하다, 수련하다
sampai	삼빠이	~까지, 도착하다
musim bunga	무심 붕아	봄
musim panas	무심 빠나ㅅ	여름
musim gugur	무심 구구ㄹ	가을
musim dingin	무심 딩인	겨울
mau / ingin	마우 / 잉인	원하다
sejak	스작	~이래로, ~부터
tahun lalu	따훈 랄루	작년

1. 전치사 dari ~(에서)부터

① 출발 지점 및 시기를 나타냄

전치사 dari는 '~(에서)부터'라는 뜻으로 출발하거나 이동한 지점 혹은 시작 시기를 나타낼 때 사용합니다.

- **Mereka pulang dari sekolah.** 그들은 학교에서 돌아왔어요.
- **Saya sudah liburan dari kemarin.** 저는 어제부터 휴가예요.

② 출신지를 나타냄

출신지나 오래 살아온 곳을 말할 때에도 dari를 활용하면 됩니다. 하지만 특정 위치에서 태어났음을 말할 때는 dari가 아닌 di를 써야 합니다.

- **Saya berasal dari Busan.** 저는 부산 출신입니다.
- **Saya lahir di Daegu.** 저는 대구에서 태어났습니다.

③ 유의어 sejak

유의어 sejak은 '~(에서)부터'라는 뜻입니다. 다만 dari는 끝나는 시점과 관계없이 무언가 시작하는 상태를 표현하며, sejak은 과거부터 시작하여 현재까지 이어져 오는 진행 상태를 표현할 때 쓴다는 차이점이 있습니다.

- **Kelas bahasa Indonesia mulai dari hari ini.**
  인도네시아어 수업은 오늘부터 시작합니다.
- **Saya berlatih golf sejak kecil.**
  저는 어렸을 때부터 골프를 연습했습니다.

2. 의문사 mana(3) 어디

① 출발지를 묻는 경우

전치사 dari와 의문사 mana를 붙이면 '어디에서(부터)'라는 의미인 dari mana가 됩니다. 의문사이므로 문장의 앞이나 뒤에 비교적 자유롭게 위치할 수 있습니다. 'Datang dari mana?(어디서 오셨어요?)'라는 문장에서는 'datang(오다)'을 생략하고 'Dari mana?'라고 표현할 수 있습니다.

- **Anda berangkat dari mana?(= Dari mana Anda berangkat?)**
  당신은 어디에서 출발하나요?
- **Lina (datang) dari mana?** 리나는 어디에서 와?

② 출발지와 도착지를 묻고 대답하기

mana로 출발지 혹은 도착지를 묻는 질문에 대해 답할 때 'dari + 출발지 + ke + 도착지' 형식으로 'A에서 B까지'라는 표현을 나타낼 수 있습니다.

A **Kamu naik KTX dari Seoul ke mana?**
당신은 서울에서 어디까지 KTX를 타나요?

B **Saya naik KTX dari Seoul ke Busan.**
저는 서울에서 부산까지 KTX를 타요.

A **Kamu berjalan kaki dari mana sampai ke mana?**
넌 어디에서 어디까지 걸어갔니?

B **Aku berjalan kaki dari kampus sampai ke sini.**
난 학교에서 여기까지 걸어왔어.

필수 패턴

다음 문장을 세 번씩 따라 읽어 보세요.  Track 12-2

다리 마나
Dari mana?

안다 브르아살 다리 마나
Anda berasal dari mana?

끌라ㅅ 따따 바하사 물라이 다리 베속
Kelas tata bahasa mulai dari besok?

마ㅅ 안디 나익 딱시 다리 마나
Mas Andi naik taksi dari mana?

끼따 블라자ㄹ 다리 무심 붕아 삼빠이 무심 구구ㄹ
Kita belajar dari musim bunga sampai musim gugur.

끌루아르가 까미 띠닥 브르아살 다리 발리
Keluarga kami tidak berasal dari Bali.

까무 브랑깟 다리 시니 사자 베속
Kamu berangkat dari sini saja besok.

이부 마우 뿔랑 다리 빠사ㄹ 끄 루마ㅎ
Ibu mau pulang dari pasar ke rumah.

아야ㅎ꾸 마우 나익 딱시 다리 시니 삼빠이 깐또ㄹ냐
Ayahku mau naik taksi dari sini sampai kantornya.

한국어 뜻을 보고 인도네시아어로 따라 쓰고 빈칸에 알맞은 말을 써 보세요.

어디에서 오나요?
______ mana?

당신은 어디 출신인가요?
Anda ______ dari mana?

문법 수업은 내일부터 시작하나요?
Kelas tata bahasa mulai dari ______?

안디 씨는 어디에서 택시를 타나요?
Mas Andi ______ taksi dari mana?

우리는 봄부터 가을까지 공부해요.
Kita belajar dari musim bunga sampai ______.

우리 가족은 발리 출신이 아니에요.
Keluarga kami ______ dari Bali.

너는 그냥 여기에서 내일 출발해.
Kamu berangkat ______ saja besok.

어머니는 시장에서 집으로 돌아가길 원하세요.
Ibu mau ______ dari pasar ke rumah.

우리 아버지는 여기서 그의 사무실까지 택시를 타려고 해요.
Ayahku mau naik taksi dari sini ______ kantornya.

실전 회화

Track 12-3

다리 자까르따 끄 발리 나익 아빠
Lina Dari Jakarta ke Bali naik apa?

다리 자까르따 끄 발리 나익 쁘사왓
Andi Dari Jakarta ke Bali naik pesawat.
까무 아깐 끄 발리
Kamu akan ke Bali?

야 리부란 무심 빠나ㅅ 물라이 다리 베속 깐
Lina Ya. Liburan musim panas mulai dari besok, kan?

바구ㅅ 까무 아깐 끄 마나 사자
Andi Bagus, kamu akan ke mana saja?

사야 아깐 브르아다 디 꾸따 사자
Lina Saya akan berada di Kuta saja.
사야 마우 브르라띠ㅎ 요가
Saya mau berlatih yoga.

한국어 해석

리나 자카르타에서 발리까지 뭘 타고 가지?

안디 자카르타에서 발리까지는 비행기를 타야지.
너 발리에 갈 거야?

리나 응. 여름 방학이 내일부터 시작이잖아, 그치?

안디 좋네, 너 어디 어디 갈 건데?

리나 나 꾸따에만 머물 거야.
요가 수련을 하고 싶어.

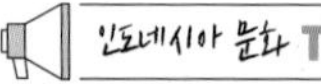

인도네시아는 다양한 종교가 공존하는 만큼 종교에 따른 식문화도 다양하게 나뉩니다. 예를 들어 무슬림은 돼지고기 등 이슬람 규율에 반하는 음식을 절대 먹지 않고, 힌두교인은 소를 신성시하여 소고기를 먹지 않습니다.

연습 문제

1. 녹음을 듣고 빈칸을 채워 넣어 올바른 문장을 만들어 보세요. Track 12-4

① Kamu ____________ dari mana?

② Saya ____________ Bali.

③ __________ Seoul __________ Jeju naik apa?

④ Kelas itu ____________ hari ini.

2. 다음 빈칸에 dari와 sejak 중 알맞은 단어를 넣어 문장을 완성해 보세요.

① Kelaurga saya pulang __________ Indonesia.
우리 가족은 인도네시아에서 돌아왔어요.

② Guru itu mengajarnya __________ tahun lalu.
그 선생님은 작년부터 가르치고 계세요.

③ Ayah keluar __________ kamarnya.
아버지께서 방에서 나오세요.

④ KTX itu datang __________ Seoul.
그 KTX는 서울에서 왔어요.

정답

1. ① berasal ② lahir di ③ Dari / ke ④ mulai dari
2. ① dari ② sejak ③ dari ④ dari

13과

Sampai minggu depan, ya.
다음 주에 만나요.

학습 목표

- 기본 인사말과 축하 표현을 배워봅니다.
- 감사, 사과, 헤어질 때 쓰는 표현을 배워봅니다.

새 단어

발음에 유의하며 다음 단어를 듣고 따라 말해 보세요. Track 13-1

인도네시아어	독음	뜻
minggu depan	밍구 드빤	다음 주
selamat	슬라맛	축하, 인사말에 쓰임
pagi / siang / sore / malam	빠기 / 시앙 / 소레 / 말람	아침 / 점심 / 오후 / 저녁
kabar	까바ㄹ	안부, 소식
biasa	비아사	그냥, 보통, 일반의
(hari) ulang tahun	(하리) 울랑 따훈	생일
tahun baru	따훈 바루	새해
minta	민따	(요청) ~해 주세요
mohon	모혼	(요청) ~드립니다
jumpa	줌빠	만나다
lagi	라기	또, 다시, 더
nanti	난띠	나중에, 이따가
bertemu	브르뜨무	만나다
tadi	따디	아까

핵심 문법

1. 기본 인사말 및 축하 표현

인사말	시간대별 표현
안녕하세요	Selamat + pagi (아침) siang (점심) sore (오후) malam (밤)

① 기본 인사말

selamat의 기본 뜻은 '축하합니다'라는 의미입니다. 하지만 그 뒤에 시간대를 나타내는 단어를 놓으면 우리말의 '안녕하세요'와 같은 가장 기본적인 인사말이 됩니다.

- **Selamat pagi.** 안녕하세요. (아침 인사)
- **Selamat sore.** 안녕하세요. (오후 인사)

② 안부 묻고 답하기

'잘 지내세요?' 정도로 가볍게 안부를 물을 때 'Apa kabar?' 혹은 'Bagaimana kabarmu?'라고 표현합니다. 이에 대해 자신의 상황에 따라 다양하게 대답할 수 있습니다.

- **Saya baik.** 저는 좋아요.
- **Saya biasa saja.** 저는 그냥 그래요.

③ 축하 표현

'축하합니다'라는 뜻의 selamat 뒤에 놓이는 단어에 따라 다양한 축하 표현을 만들 수 있습니다.

- **Selamat, ya!** 축하해요!
- **Selamat ulang tahun!** 생일 축하해요!
- **Selamat tahun baru.** 새해 복 많이 받으세요.

2. 감사, 사과, 헤어질 때 쓰는 표현

인사말	표현
감사합니다	Terima kasih
죄송합니다	Maaf
(시점)에 만나요	Sampai + 시점

① 감사 표현

Terima kasih는 '감사합니다'라는 의미입니다. 이에 대해 다음과 같이 대답할 수 있습니다.

- **Sama-sama.** 천만에요.
- **Terima kasih kembali.** 저도 감사합니다.

② 사과 표현

Maaf는 '미안합니다'라는 의미입니다. Minta maaf 또는 Mohon maaf라고 말하면 한층 더 공손한 표현이 됩니다. 이에 대해 다음과 같이 대답할 수 있습니다.

- **Tidak apa-apa.** 괜찮습니다.

③ 헤어질 때 쓰는 표현

sampai 뒤에 다시 만날 시점을 쓰면 '(시점)에 만나요'라는 의미가 됩니다. 그러나 특정한 시점을 쓰지 않고도 '또 만나요'와 같이 간단히 인사할 수도 있습니다.

- **Sampai besok.** 내일 만나요.
- **Sampai jumpa lagi.** 또 만나요.

필수 패턴

다음 문장을 세 번씩 따라 읽어 보세요.  Track 13-2

슬라맛 시앙 아빠 까바ㄹ
Selamat siang, apa kabar?

할로 아빠 까바ㄹ
Halo, apa kabar?

말람 바가이마나 까바르무
Malam, bagaimana kabarmu?

바익 뜨리마 까시ㅎ
Baik. Terima kasih.

슬라맛 하리 울랑 따훈 음바 유까
Selamat hari ulang tahun, mbak Yuka.

뜨리마 까시ㅎ 빡 삼빠이 줌빠 라기 야
Terima kasih, Pak. Sampai jumpa lagi, ya.

모혼 마아ㅍ 끼따 줌빠 베속 사자
Mohon maaf. Kita jumpa besok saja.

띠닥 아빠-아빠 난띠 끼따 브르뜨무 야
Tidak apa-apa. Nanti kita bertemu, ya.

슬라맛 브끄르자 하리 이니
Selamat bekerja hari ini.

한국어 뜻을 보고 인도네시아어로 따라 쓰고 빈칸에 알맞은 말을 써 보세요.

(점심 인사) 안녕하세요, 잘 지내요?

________, apa kabar?

안녕, 잘 지냈어?

Halo, ________?

(밤 인사) 안녕하세요, 잘 지내셨나요?

Malam, ________?

좋아요. 고마워요.

Baik. ________.

생일 축하해요, 유카 씨.

Selamat ________, mbak Yuka.

고마워요, 선생님. 또 만나요.

Terima kasih, Pak. ________, ya.

미안해요. 우리 그냥 내일 만나요.

________. Kita jumpa besok saja.

괜찮아요. 우리 나중에 만나요.

________. Nanti kita bertemu, ya.

오늘 업무 열심히 하세요.

________ hari ini.

실전 회화

Track 13-3

Lina	빠기 네이트 아빠 까바ㄹ Pagi, Nate. Apa kabar?
Nate	사야 바익 바가이마나 까바르무 Saya baik, bagaimana kabarmu? 하리 이니 까무 끄 발리 깐 Hari ini kamu ke Bali, kan?
Lina	야 사야 아깐 뿔랑 밍구 드빤 Ya, saya akan pulang minggu depan.
Nate	바익 삼빠이 밍구 드빤 야 Baik. Sampai minggu depan, ya.
Lina	뜨리마 까시ㅎ 삼빠이 밍구 드빤 Terima kasih. Sampai minggu depan!

한국어 해석

리나　안녕, 잘 지냈어?

네이트　잘 지냈지. 너는 잘 지냈어?
너 오늘 발리에 가지 않아?

리나　응, 난 다음 주에 돌아올 거야.

네이트　좋아. 다음 주에 보자.

리나　고마워. 다음 주에 보자!

인도네시아 문화 Tip!

힌두교는 발리섬에 집중적으로 분포해 있어 대다수의 이슬람권 지역들과 확연히 다른 분위기를 느낄 수 있습니다. 예를 들어, 발리에서는 거리의 집집마다 꽃으로 꾸며진 공양용 장식(canang sari)을 쉽게 찾아볼 수 있습니다.

연습 문제

1. 녹음을 듣고 빈칸을 채워 넣어 올바른 문장을 만들어 보세요. Track 13-4

① ____________ pagi, apa kabar?

② Terima kasih ____________.

③ ____________ maaf.

④ Tidak ____________.

2. 다음 빈칸에 selamat과 sampai 중 알맞은 단어를 넣어 문장을 완성해 보세요.

① ____________ hari ulang tahun.
생일 축하해요.

② ____________ bertemu lagi.
다음에 다시 만나요.

③ ____________ tahun baru.
새해 복 많이 받으세요.

④ ____________ minggu depan.
다음 주에 만나요.

정답

1. ① Selamat ② banyak ③ Minta ④ apa-apa
2. ① Selamat ② Samapai ③ Selamat ④ Sampai

Saya punya seorang adik.

저는 동생이 한 명 있어요.

학습 목표

- 동사 ada를 배워봅니다.
- 동사 punya를 배워봅니다.

새 단어

발음에 유의하며 다음 단어를 듣고 따라 말해 보세요.

Track 14-1

인도네시아어	독음	뜻
seorang	스오랑	한 명, 한 사람
angin	앙인	바람
banyak	바냑	많다
baju	바주	옷
roti	로띠	빵
kopi	꼬삐	커피
celana	쯜라나	바지
lama	라마	오래, 낡다
ide	이데	의견, 아이디어
nomor	노모ㄹ	번호
kemeja	끄메자	셔츠
dompet	돔뻿	지갑
uang	우앙	돈
tempat sampah	뜸빳 삼빠ㅎ	쓰레기통
daring	다링	온라인
sekarang	스까랑	현재, 지금

핵심 문법

1. 동사 ada

문장 구조	뜻
주어 + ada + 목적어	(주어)는 (목적어)가 있다

① 존재상의 유무

ada는 '~이 있다'라는 뜻으로 존재상의 유무를 나타냅니다. 동사이므로 tidak을 사용하여 부정문을 만듭니다.

- **Hari ini ada kelas tata bahasa.** 오늘은 문법 수업이 있어요.
- **Cuaca hari ini tidak ada angin.** 오늘 날씨는 바람이 없어요.(바람이 불지 않아요.)

② 위치상의 유무

장소와 관련된 단어와 쓰이면 '~에 있다'라는 뜻으로 해당 위치에서 목적어의 존재 유무를 나타내는 표현이 됩니다.

- **Di dalam mal ini ada banyak toko baju.** 이 백화점 안에는 옷 가게가 많이 있어요.
- **Rotinya tidak ada di atas meja.** 그 빵은 식탁 위에 없어요.

③ ada와 adalah의 차이

동사 ada와 adalah는 모양이 비슷해 헷갈리기 쉽지만 'ada(~이 있다)'는 존재 유무를 나타낼 때 쓰이며, 'adalah(~이다)'는 정의를 내릴 때 쓰이므로 서로 쓰임이 전혀 다릅니다. 따라서 상황에 따라 의미를 명확히 구분하여 사용해야 합니다.

- **Ini adalah kopiku. Kopinya ada di meja.**
  이게 내 커피야. 그 커피는 책상에 있어.
- **Itu adalah celana lama. Di sini ada yang baru.**
  그건 낡은 바지야. 여기 새것이 있어.

2. 동사 punya

문장 구조	뜻
주어 + punya + 목적어	① (주어)는 (목적어)를 가지다 ② (주어)는 (목적어)의 것이다(구어체)

① 소유 여부

punya는 '가지다'라는 뜻으로 소유 여부를 나타냅니다. 이를 격식체로 나타내거나 사물이 무언가 소유했음을 표현할 때는 memiliki를 쓸 수도 있습니다. 두 단어 모두 동사이므로 tidak을 사용하여 부정문을 만듭니다.

- **Saya memiliki ide yang bagus.** 저에게 좋은 의견이 있습니다.
- **Ibu tidak punya nomor guru.**
  어머니는 선생님의 번호를 가지고 계시지 않아요.

② 구어체에서 명사로 사용 가능

punya는 구어체에 한정하여 '~의 것'이라는 명사로 사용되기도 합니다. 이 경우에는 명사형이므로 부정문일 때 bukan을 사용합니다.

- **Kemeja itu punya adik perempuanku.** 그 셔츠는 내 여동생 거야.
- **Dompet itu bukan punya saya.** 그 지갑은 제 것이 아니에요.

③ punya와 ada의 차이

punya는 소유 여부에 대한 표현인 반면, ada는 존재 유무에 대한 표현이므로 상황에 따라 구분하여 사용해야 합니다.

- **Saya punya mobil baru.** 저는 새 자동차가 있습니다. (소유)
- **Mobilnya ada di rumah.** 그 자동차는 집에 있습니다. (존재)

필수 패턴

다음 문장을 세 번씩 따라 읽어 보세요.

디 달람 돔뼷 아다 우앙
Di dalam dompet ada uang.

디 또꼬 이뚜 아다 바냑 오랑
Di toko itu ada banyak orang.

디 시니 띠닥 아다 뜸뺏 삼빠ㅎ
Di sini tidak ada tempat sampah.

디 시니 띠닥 아다 바주 사야
Di sini tidak ada baju saya.

사야 뿌냐 뜨만 인도네시아
Saya punya teman Indonesia.

아딕꾸 띠닥 뿌냐 우앙
Adikku tidak punya uang.

까미 띠닥 므밀리끼 모빌 양 브사ㄹ 이뚜
Kami tidak memiliki mobil yang besar itu.

느가라 꼬레아 므밀리끼 시스뗌 다링 양 바구ㅅ
Negara Korea memiliki sistem daring yang bagus.

끄메자 뜨발 이뚜 부깐 뿌냐 아딕꾸
Kemeja tebal itu bukan punya adikku.

한국어 뜻을 보고 인도네시아어로 따라 쓰고 빈칸에 알맞은 말을 써 보세요.

지갑 안에는 돈이 있어요.
Di dalam dompet ______ uang.

그 가게에는 많은 사람들이 있어요.
Di toko itu ada ______.

여기에는 쓰레기통이 없어요.
Di sini tidak ada ______.

여기에는 제 옷이 없어요.
Di sini ______ baju saya.

저는 인도네시아 친구가 있어요.
Saya ______ teman Indonesia.

제 동생은 돈이 없어요.
Adikku ______ uang.

저희는 그 큰 차량을 소유하고 있지 않아요.
Kami tidak ______ mobil yang besar itu.

한국은 좋은 온라인 시스템을 가지고 있어요.
Negara Korea memiliki ______ yang bagus.

그 두꺼운 셔츠는 제 동생 것이 아니에요.
______ itu bukan punya adikku.

실전 회화

Track 14-3

Lina Kak Andi punya saudara?
깍 안디 뿌냐 사우다라

Andi Ya, saya punya seorang adik.
야 사야 뿌냐 스오랑 아딕
Kamu juga punya saudara?
까무 주가 뿌냐 사우다라

Lina Ya, saya punya kakak laki-laki.
야 사야 뿌냐 까깍 라끼-라끼

Andi Oh, kakakmu juga tinggal di sini?
오 까깍무 주가 띵갈 디 시니

Lina Tidak, dia ada di Indonesia sekarang.
띠닥 디아 아다 디 인도네시아 스까랑

한국어 해석

리나 안디 오빠는 형제가 있어?

안디 응, 나는 동생이 한 명 있어.
너도 형제가 있니?

리나 응, 나는 오빠가 있어.

안디 오, 너희 오빠도 여기에 사셔?

리나 아니, 그는 지금 인도네시아에 있어.

인도네시아 문화 Tip!

우리에게 개는 가장 친숙한 반려동물이지만, 무슬림은 개를 불경한 존재로 여겨 몸에 닿는 것조차 꺼리는 경우가 많습니다. 따라서 반려동물로 개보다는 고양이나 새를 키우는 경우가 더 많습니다.

연습 문제

1. 녹음을 듣고 빈칸을 채워 넣어 올바른 문장을 만들어 보세요. Track 14-4

① Tas baru ini punya ______________.

② Besok ada _____________________.

③ Adikku tidak punya ____________.

④ Ibu saya _____________________ di rumah sekarang.

2. 다음 빈칸에 punya, memiliki, ada 중 알맞은 단어를 넣어 문장을 완성해 보세요.

① Buku ini ________________ Anto.
이 책은 안또 거예요.

② Besok tidak ________________ kelas bahasa Korea.
내일은 한국어 수업이 없어요.

③ Kamu ________________ saudara?
당신은 형제가 있나요?

④ HP baru ini ________________ sistem baru.
이 새 휴대 전화는 새로운 시스템을 가지고 있어요.

정답

1. ① ibuku ② kelas daring ③ uang ④ tidak ada
2. ① punya ② ada ③ punya ④ memiliki

Mau yang panas atau dingin?

뜨거운 거 마실래요, 아니면 차가운 거 마실래요?

학습 목표

- 접속사 dan을 배워봅니다.
- 접속사 atau를 배워봅니다.

새 단어

발음에 유의하며 다음 단어를 듣고 따라 말해 보세요. Track 15-1

인도네시아어	독음	뜻
apel	아쁠	사과
mangga	망가	망고
kemudian	끄무디안	그리고, 그 후에
restoran	레스또란	식당
sempit	슴삣	좁다
mahal	마할	비싸다
SIM (surat izin mengemudi)	심(수랏 이진 믕으무디)	운전 면허증
surat	수랏	서류
luas	루아ㅅ	넓다
air putih	아이르 뿌띠ㅎ	생수
memesan	므므산	주문하다
ukuran	우꾸란	사이즈
menonton	므논똔	보다, 시청하다
ruang keluarga	루앙 끌루아르가	거실

1. 접속사 dan ~와(과), 그리고

① 여러 대상을 나열

dan은 '~와(과)'라는 의미로 두 개 이상의 대상을 나열할 때 사용합니다. A dan B 형태로 쓰이며 세 개 이상의 대상을 나열할 때는 각 단어 뒤에 쉼표를 쓰고 가장 마지막 단어 앞에만 dan을 씁니다. 명사, 동사, 형용사를 나열할 때 모두 활용할 수 있습니다.

- **Saya suka apel dan mangga.**
  저는 사과와 망고를 좋아해요. (명사 2개)
- **Aku bangun, makan roti, dan minum teh.**
  저는 일어나서 빵을 먹고, 차를 마셨어요. (동사 3개)
- **Jus itu hambar dan tawar.**
  그 주스는 밍밍하고 싱거워요. (형용사 2개)

② dan과 kemudian의 차이

나열을 나타내는 두 단어 dan과 kemudian의 의미는 비슷하지만 접속 부사로서 '그리고'라는 표현은 kemudian을 사용하는 것이 문법적으로 올바릅니다. dan은 구어체에 한정하여 '그리고'라는 표현을 할 수 있습니다.

- **Aku pindah ke Indonesia, dan mulai belajar bahasa Indonesia.**
  나는 인도네시아로 옮겨왔고, 인도네시아어 공부를 시작했어. (구어체 ○)
- **Saya pindah ke Indonesia, kemudian mulai belajar bahasa Indonesia.**
  저는 인도네시아로 옮겨왔고, 인도네시아어 공부를 시작했습니다. (구어체 ○, 문어체 ○)

2. 접속사 atau ~(이)거나, 또는 / 즉, 다시 말해

① 여러 대상 중 하나를 선택

atau는 '~(이)거나', '또는'이라는 의미로 두 개 이상의 대상 중 하나를 선택할 때 사용합니다. A atau B 형태로 쓰이며 세 개 이상의 대상을 나열할 때는 각 단어 뒤에 쉼표를 쓰고 가장 마지막 단어 앞에만 atau를 씁니다. 명사, 동사, 형용사를 선택할 때 모두 활용할 수 있습니다.

- **Kamu mau apel atau mangga?**
  당신은 사과를 원하나요, 망고를 원하나요? (명사 2개)
- **Beliau suka membaca, menonton, atau menulis?**
  그분은 읽거나, 보거나, 쓰는 걸 좋아하나요? (동사 3개)
- **Banyak restoran di sini sempit, mahal, atau tidak enak.**
  이곳의 많은 식당들은 좁거나, 비싸거나, 맛이 없어요. (형용사 3개)

② 앞서 언급한 것에 대한 설명을 덧붙임

단어의 앞에 놓여 '즉', '다시 말해'라는 뜻으로 쓰입니다. 앞에서 언급한 것에 대해 추가로 설명할 때 쓰며 주로 목적어가 필요 없는 자동사가 됩니다.

- **Saya tidak mempunyai surat izin mengemudi atau SIM.**
  저는 자동차 운전 면허증, 즉 SIM을 가지고 있지 않습니다.
- **Orang Korea suka makan mi Korea atau ramyeon.**
  한국인은 한국 면, 다시 말해 라면 먹는 걸 좋아합니다.

필수 패턴

다음 문장을 세 번씩 따라 읽어 보세요.

꼬따 서울 브사ㄹ 단 브르시ㅎ
Kota Seoul besar dan bersih.

부꾸 바하사 쁘란찌ㅅ 이뚜 수사ㅎ 단 뜨발
Buku bahasa Prancis itu susah dan tebal.

사야 뿌냐 뜨만 꼬레아 인도네시아 단 즈르만
Saya punya teman Korea, Indonesia, dan Jerman.

루마 양 브르시ㅎ 단 루아ㅅ 이뚜 루마ㅎ 사야
Rumah yang bersih dan luas itu rumah saya.

마우 이니 아따우 이뚜
Mau ini atau itu?

이부 수까 떼ㅎ 아따우 띠닥
Ibu suka teh atau tidak?

까깍 뿌냐 수랏 이진 믕으무디 아따우 심
Kakak punya surat izin mengemudi atau SIM.

디 달람 끌라ㅅ 아다 리나 네이트 아따우 요나
Di dalam kelas ada Lina, Nate, atau Yona?

바빠 킴 마우 브랑깟 스까랑 아따우 난띠 사자
Bapak Kim mau berangkat sekarang atau nanti saja?

한국어 뜻을 보고 인도네시아어로 따라 쓰고 빈칸에 알맞은 말을 써 보세요.

서울시는 크고 깨끗해요.
Kota Seoul ______ bersih.

그 프랑스어책은 어렵고 두꺼워요.
Buku bahasa Prancis itu ______ tebal.

저는 한국, 인도네시아, 그리고 독일 친구가 있어요.
Saya punya teman Korea, Indonesia, ______.

깨끗하고 넓은 그 집은 제 집이에요.
Rumah yang ______ luas itu rumah saya.

이걸 원하나요, 저걸 원하나요?
Mau ini ______ itu?

어머니는 차(마시는 것)를 좋아하시나요, 아닌가요?
Ibu suka teh ______?

형은 운전 면허증, 즉 SIM을 가지고 있어요.
Kakak punya surat izin mengemudi ______.

교실 안에 리나나 네이트, 아니면 요나가 있나요?
Di dalam kelas ada Lina, Nate, ______?

김 선생님은 지금 출발하시나요, 아니면 나중에 가시나요?
Bapak Kim mau berangkat sekarang ______ saja?

실전 회화

Track 15-3

까무 마우 미눔 아빠 떼ㅎ 아따우 꼬삐
Yuka Kamu mau minum apa? Teh atau kopi?

사야 마우 미눔 꼬삐
Andi Saya mau minum kopi.

마우 양 빠나ㅅ 아따우 딩인
Yuka Mau yang panas atau dingin?

양 딩인 사자 단 까무
Andi Yang dingin saja. Dan kamu?

사야 마우 미눔 주ㅅ 망가 단 아이ㄹ 뿌띠ㅎ 주가
Yuka Saya mau minum jus mangga dan air putih juga.

오케이 사야 므므산 디 시뚜 야
Andi Ok, saya memesan di situ, ya.

한국어 해석

유카 너 뭐 마실래? 차 아니면 커피?

안디 난 커피를 마실래.

유카 뜨거운 거, 아니면 차가운 거?

안디 차가운 걸로 할게. 그리고 넌?

유카 난 망고 주스랑 생수도 마실래.

안디 알겠어. 내가 저기서 주문할게.

인도네시아 문화 Tip!

인도네시아 대부분의 식당에서는 물도 음료로 포함되어 비용이 부과됩니다. 또한 칠리 소스와 비슷한 인니 전통 소스인 'saus sambal(삼발 소스)'이 구비되어 있어 주문한 음식에 자유롭게 뿌려 먹을 수 있습니다.

연습 문제

1. 녹음을 듣고 빈칸을 채워 넣어 올바른 문장을 만들어 보세요. Track 15-4

① Tas itu baru ____________?

② Saya mau minum ____________ di sini.

③ Kakak punya surat izin mengemudi ____________.

④ Saya makan pagi di rumah. ____________ saya berangkat ke sekolah.

2. 다음 중 올바른 문장에는 ○표시를, 틀린 문장에는 X표시를 하세요.

① Kamu mau makan sekarang atau tidak? ( )
너 지금 먹을 거야, 아니면 안 먹을 거야?

② Di dalam kelas ada guru, teman Indonesia, atau saya. ( )
교실 안에는 선생님과 인도네시아 친구, 그리고 제가 있어요.

③ Ukuran baju ini S, M atau L? ( )
이 옷의 사이즈는 S, M, 아니면 L인가요?

④ Ibu dan ayah saya menonton TV di ruang keluarga. ( )
저희 어머니와 아버지는 거실에서 텔레비전을 보세요.

정답

1. ① atau tidak ② dan makan ③ atau SIM ④ Kemudian
2. ① ○ ② X (대상을 나열하는 상황이므로 atau 대신 dan이 들어가야 함) ③ ○ ④ ○

Lina, itu siapa?

리나야, 그분은 누구셔?

학습 목표

- 전치사 dengan(1)을 배워봅니다.
- 의문사 siapa를 배워봅니다.

발음에 유의하며 다음 단어를 듣고 따라 말해 보세요.

Track 16-1

인도네시아어	독음	뜻
atasan	아따산	상사
berwisata ke	브르위사따 끄	~(으)로 여행가다
pemandu (wisata)	쁘만두 (위사따)	(여행) 가이드
bersama	브르사마	함께, 같이
berkumpul	브르꿈뿔	모이다, 뭉치다
biasanya	비아사냐	보통, 일반적으로
berdiskusi	브르디스꾸시	토론하다, 논의하다
bisa	비사	~할 수 있다
senang	스낭	행복하다, 즐겁다
berkenalan	브르끄날란	(서로) 알게 되다
tidur	띠두ㄹ	자다
melukis	믈루끼ㅅ	그림을 그리다
tahu	따후	알다
nama	나마	이름

핵심 문법

1. 전치사 dengan(1) ~와(과) 함께

① 함께 하는 대상을 나타냄

전치사 dengan은 '~와(과) 함께'라는 뜻으로 특정한 대상과 어떠한 행동을 함께 하는 경우에 씁니다.

- **Karyawan itu bertemu dengan atasannya.**
  그 직원은 그의 상사와 만났습니다.
- **Kami berwisata ke Bali dengan pemandu wisata.**
  우리는 여행 가이드와 발리로 여행을 가요.

② 유의어 bersama

dengan과 비슷한 의미로 bersama도 쓸 수 있습니다. 다만 dengan은 두루 쓰이는 반면 bersama는 주로 사람과 함께 하는 경우에 씁니다.

- **Kita bersama di taman.** 우리는 공원에 같이 있어요.
- **Saya berkumpul bersama teman-teman.**
  저는 친구들과 함께 모였습니다.

③ dengan과 bersama의 차이

dengan의 뒤에는 반드시 특정 대상이 놓여야 하는 반면, bersama는 그 자체로 '함께 하다'라는 의미가 있으므로 함께 하는 대상을 따로 언급하지 않아도 됩니다.

- **Kami makan dengan keluarga di rumah.**
  우리는 집에서 가족과 함께 식사해요.
- **Kami makan bersama di rumah.** 우리는 집에서 함께 식사해요.

2. 의문사 siapa 누구

① 사람에 대해 묻는 경우

의문사 siapa는 '누구'라는 뜻으로 사람에 대해 묻거나 이름을 물을 때 씁니다. 의문사이므로 문장의 앞이나 뒤에 비교적 자유롭게 위치할 수 있습니다.

- **Siapa nama Anda?** 당신의 이름은 무엇인가요?
- **Anak itu siapa?** 누구인가요, 그 아이는?

② 함께 하는 대상을 묻는 표현

전치사 dengan 뒤에 의문사 siapa를 놓으면 '누구와 (함께)'라는 의미인 dengan siapa가 됩니다. dengan 대신 bersama를 쓸 수도 있습니다.

- **Biasanya mereka berdiskusi dengan siapa?**
  그들은 보통 누구와 토론하나요?
- **Kamu datang bersama siapa?** 당신은 누구와 왔나요?

③ '누구든지'와 '아무도'

의문사 siapa 뒤에 '역시', '~도'라는 의미로 불특정을 나타내는 saja를 놓으면 '누구든지'라는 의미가 됩니다. 여기에 부정부사가 쓰이면 반대 표현인 '아무도'라는 의미를 만들 수 있습니다.

- **Siapa saja bisa datang hari ini.** 오늘 누구든지 올 수 있어요.
- **Siapa saja tidak bisa masuk hari ini.** 오늘 아무도 들어올 수 없어요.

필수 패턴

다음 문장을 세 번씩 따라 읽어 보세요.

스낭 브르끄날란 등안 깔리안
Senang berkenalan dengan kalian.

나마 까깍 라끼-라끼 사야 주노
Nama kakak laki-laki saya Juno.

이부 이뚜 띠두ㄹ 브르사마 아낙냐
Ibu itu tidur bersama anaknya.

아딕 사야 브끄르자 디 뻬떼 아베쎄 등안 뜨만 사야
Adik saya bekerja di PT ABC dengan teman saya.

므레까 띠닥 브르사마 등안 부 킴 디 시니
Mereka tidak bersama dengan Bu Kim di sini.

이뚜 시아빠
Itu siapa?

까무 믈루끼ㅅ 등안 시아빠
Kamu melukis dengan siapa?

이부 디 시뚜 브르사마 시아빠
Ibu di situ bersama siapa?

안다 따후 시아빠 나마 디아
Anda tahu siapa nama dia?

한국어 뜻을 보고 인도네시아어로 따라 쓰고 빈칸에 알맞은 말을 써 보세요.

여러분과 알게 되어 반가워요.
Senang ________ dengan kalian.

제 오빠의 이름은 주노예요.
Nama ________ saya Juno.

그 어머니는 아이와 함께 자요.
Ibu itu tidur ________ anaknya.

제 동생은 제 친구와 ABC 주식회사에서 일해요.
Adik saya bekerja di PT ABC ________ saya.

그들은 여기에 김 선생님과 함께 있지 않아요.
Mereka tidak bersama ________ di sini.

그분은 누구예요?
Itu ________?

당신은 누구와 그림을 그리나요?
Kamu melukis ________?

어머니는 그곳에 누구와 함께 있나요?
Ibu di situ ________?

당신은 그의 이름이 뭔지 아나요?
Anda tahu ________ dia?

실전 회화

Track 16-3

Lina	하이 아빠 까바ㄹ Hi! Apa kabar?
Andi	할로 리나 사야 바익 이뚜 시아빠 Halo, Lina. Saya baik. Itu siapa?
Lina	오 이니 뜨만 사야 나마냐 네이트 Oh, ini teman saya. Namanya Nate.
Nate	할로 사야 네이트 시아빠 나마무 Halo, saya Nate. Siapa namamu?
Andi	할로 나마 사야 안디 스낭 브르끄날란 등안 까무 Halo, nama saya Andi. Senang berkenalan dengan kamu.
Nate	사야 주가 Saya juga.

한국어 해석

리나　안녕! 잘 지냈어?

안디　안녕, 리나야. 난 잘 지내지. 그분은 누구셔?

리나　오, 이 사람은 내 친구야. 네이트라고 해.

네이트　안녕, 난 네이트야. 네 이름은 뭐니?

안디　안녕, 내 이름은 안디야. 너와 알게 되어서 반가워.

네이트　나도.

인도네시아 문화 Tip!

인도네시아에서는 상대를 부를 때 애칭으로 부르는 것이 일반적입니다. 예를 들어 Fitriana라는 이름은 fitri로 줄여 부르곤 합니다. 또한, 자와족은 성 없이 이름만 쓰는 전통이 있어 제1대 대통령인 Sukarno 전 대통령도 성씨 없이 이름으로만 칭합니다.

연습 문제

1. 녹음을 듣고 빈칸을 채워 넣어 올바른 문장을 만들어 보세요. Track 16-4

① Senang berkenalan __________ Anda.

② _________ nama adikmu?

③ Saya ________________ dengan Ibu Kim.

④ ________________ kamu makan?

2. 다음 보기 중 알맞은 단어를 빈칸에 넣어 문장을 완성해 보세요.

보기 bersama / siapa / dengan siapa / senang

① ________________ berkenalan dengan Anda.
당신과 알게 되어 반가워요.

② ________________ nama kakakmu?
당신의 언니 이름은 무엇인가요?

③ Kamu berwisata ke Bali ________________?
당신은 누구와 발리로 여행을 가나요?

④ Kita berjalan-jalan _______________ di sini.
우리는 여기서 함께 산책을 해요.

정답

1. ① dengan ② Siapa ③ tidak bersama ④ Bersama siapa
2. ① Senang ② Siapa ③ dengan siapa ④ bersama

17과

Kamu datang ke sini dengan apa?

당신은 여기에 무엇을 타고 왔나요?

학습 목표

- 전치사 dengan(2)을 배워봅니다.
- 의문사 apa를 배워봅니다.

발음에 유의하며 다음 단어를 듣고 따라 말해 보세요. Track 17-1

인도네시아어	독음	뜻
membayar	믐바야ㄹ	지불하다
kartu debit	까르뚜 데빗	체크 카드
tangan	땅안	손
HP	하뻬	휴대 전화
uang tunai	우앙 뚜나이	현금
anjing	안징	강아지, 개
materi	마떼리	자료
kartu kredit	까르뚜 끄레딧	신용 카드
membalas	믐발라ㅅ	회신하다
jenis kelamin	제니ㅅ 끌라민	성별
kucing	꾸찡	고양이
karena	까르나	왜냐하면, ~때문에
membawa	믐바와	가져오다
dulu	둘루	우선, 먼저, 예전에

핵심 문법

1. 전치사 dengan(2) ~(으)로, ~을(를) 타고

① 특정 수단을 나타냄

전치사 dengan은 '~와(과) 함께'라는 뜻 외에도, 특정 수단을 이용해서 어떠한 행동을 하는 경우에 쓰여 '~(으)로'라는 뜻을 나타내기도 합니다.

- **Saya mau membayar dengan kartu debit.**
  저는 체크 카드로 지불하고 싶어요.
- **Ayah bisa menulis dengan tangan kiri.**
  아버지는 왼손으로 (글자를) 쓰실 수 있어요.

② 교통수단을 나타냄

전치사 dengan은 여러 수단 중에 교통수단을 나타낼 수도 있습니다. 이 경우에는 '~을(를) 타고'라는 의미를 가지며 '타다'라는 뜻인 naik로 바꿔 쓸 수 있습니다.

- **Saya berwisata ke Bali dengan pesawat.**
  (= Saya berwisata ke Bali naik pesawat.)
  저는 비행기를 타고 발리에 가요.
- **Ibu berjalan-jalan dengan sepeda.**
  (= Ibu berjalan-jalan naik sepeda.)
  어머니는 자전거를 타고 산책을 가세요.

③ 유의어 pakai

어떤 사물이 수단이 될 때는 구어체에서 '쓰다', '사용하다'라는 뜻인 pakai로 바꿔 쓸 수 있습니다.

- **Adik membeli HP dengan uang tunai.**
  (= Adik membeli HP pakai uang tunai.)
  동생은 현금으로 휴대 전화를 샀어요.

2. 의문사 apa 무엇, 무슨

① 사람 이외의 것에 대해 묻는 경우

어떤 행동 혹은 사람이 아닌 동물, 사물 등 특정 대상의 이름을 물을 때에도 apa를 씁니다.

- **Murid itu belajar bahasa apa?** 그 학생은 무슨 언어를 공부하나요?
- **Nama anjing itu apa?** 그 강아지의 이름은 뭐예요?

② 수단에 대해 묻는 표현

전치사 dengan 뒤에 의문사 apa를 놓으면 '무엇으로', '무엇을 타고'와 같이 어떤 행동을 하기 위한 수단에 대해 물을 수 있습니다.

- **Guru itu mengajar dengan materi apa?**
  그 선생님은 무슨 자료로 수업을 하나요?
- **Karyawan baru itu masuk kerja dengan apa?**
  새로운 직원은 무엇을 타고 출근했나요?

③ '아무거나'와 '아무것도'

의문사 apa 뒤에 '역시', '~도'라는 의미로 불특정을 나타내는 saja를 놓으면 '아무거나', '뭐든지'라는 의미가 됩니다. 또한, apa를 두 번 반복해서 쓰면 정반대 표현인 '아무것도'라는 의미를 만들 수 있습니다.

- **Kamu mau minum apa saja?** 너 아무거나 마실래?
- **Tidak apa-apa.** 아무것도 아니야.(괜찮아.)

필수 패턴

다음 문장을 세 번씩 따라 읽어 보세요.  

이니 아빠
Ini apa?

아빠 이뚜
Apa itu?

나마 또꼬 바주 이뚜 아빠
Nama toko baju itu apa?

이부 믐바야ㄹ 등안 까르뚜 끄레딧
Ibu membayar dengan kartu kredit.

까미 믐발라ㅅ 이메일 등안 꼼뿌뜨ㄹ
Kami membalas e-mail dengan komputer.

제니ㅅ 끌라민 꾸찡무 아빠
Jenis kelamin kucingmu apa?

나익 아빠 까르야완 이뚜 브르꾼중 끄 꼬따 이니
Naik apa karyawan itu berkunjung ke kota ini?

끌루아르가꾸 믐바와 꼬뽀ㄹ 브사ㄹ 빠까이 모빌
Keluargaku membawa kopor besar pakai mobil.

끼따 비사 마깐 아빠 사자
Kita bisa makan apa saja.

한국어 뜻을 보고 인도네시아어로 따라 쓰고 빈칸에 알맞은 말을 써 보세요.

이건 뭐예요?
Ini ______?

뭐예요, 저건?
Apa ______?

그 옷 가게 이름은 뭐예요?
______ baju itu apa?

어머니는 신용 카드로 지불했어요.
Ibu membayar ______.

우리는 컴퓨터로 이메일에 회신해요.
Kami ______ e-mail dengan komputer.

당신의 고양이는 성별이 뭔가요?
______ kucingmu apa?

그 직원은 이 도시에 무엇을 타고 방문했나요?
______ karyawan itu berkunjung ke kota ini?

우리 가족은 차를 타고 큰 캐리어를 가져왔어요.
Keluargaku membawa kopor besar ______.

우리는 아무거나 먹을 수 있어요.
Kita bisa makan ______.

실전 회화

Track 17-3

Yuka	안디 까무 다땅 등안 아빠 Andi, kamu datang dengan apa?
Andi	사야 나익 딱시 사자 까르나 띠닥 아다 부ㅅ 끄 시니 Saya naik taksi saja karena tidak ada bus ke sini.
Yuka	까무 마우 빠가이 뚜나이 하리 이니 Kamu mau pakai tunai hari ini?
Andi	띠닥 사야 믐바와 까르뚜 끄레딧 까르나 마우 믐블리 바냑 Tidak. Saya membawa kartu kredit karena mau membeli banyak.
Yuka	오 아빠 사자 Oh, apa saja?
Andi	음 아빠 사자 끼따 리핫 둘루 Um……, apa saja. Kita lihat dulu!

한국어 해석

유카 안디, 너는 뭐 타고 왔어?

안디 여기로 오는 버스가 없어서 나는 그냥 택시 탔어.

유카 너는 오늘 현금을 쓸 거야?

안디 아니. 난 많이 사려고 신용 카드를 가져왔어.

유카 오, 어떤 거 (사려고)?

안디 음……, 아무거나. 우리 우선 (둘러)보자!

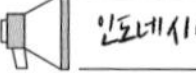 인도네시아 문화 Tip!

자카르타 도심은 오토바이와 자가용 이용량이 매우 많아 극심한 교통체증으로 악명이 높습니다. 그러나 2018 아시안 게임을 기점으로 도심고속철과 경전철 등 대중교통이 빠르게 확충되어 현재까지도 라인을 증설하고 있습니다.

1. 녹음을 듣고 빈칸을 채워 넣어 올바른 문장을 만들어 보세요. Track 17-4

① Saya akan membayar ____________ kartu kredit.

② Tadi kamu membeli ____________?

③ Hari ini kamu ke sini ________________?

④ Ibu membayar _________________?

2. 다음 빈칸에 알맞은 단어를 넣어 문장을 완성해 보세요.

① Saya datang ke sini _____________ mobil.
저는 차를 타고 여기에 왔어요.

② _____________ nama anjing itu?
그 강아지 이름은 뭐예요?

③ Saya ___________________ hari ini.
저는 오늘 차를 가져왔어요.

④ Kemarin teman saya datang _________________.
어제 제 친구는 오토바이를 타고 왔어요.

정답

1. ① dengan ② apa ③ naik apa ④ pakai apa
2. ① dengan / naik ② Apa ③ bawa mobil ④ dengan motor / naik motor

18과

Bagaimana kalau membeli dengan online saja?

온라인으로 사 보는 건 어때요?

학습 목표

- 전치사 dengan(3)을 배워봅니다.
- 의문사 bagaimana를 배워봅니다.

발음에 유의하며 다음 단어를 듣고 따라 말해 보세요.

Track 18-1

인도네시아어	독음	뜻
hemat	헤맛	알뜰하다, 절약하다
cara	짜라	방법
transfer	뜨란스퍼ㄹ	송금
rajin	라진	부지런하다
boros	보로ㅅ	낭비하다, 사치스럽다
pendapat	쁜다빳	의견
malas	말라ㅅ	귀찮다, 게으르다
semua	스무아	모두
berbahasa	브르바하사	언어를 구사하다
rasa	라사	맛, 감정, 감각
kamera	까메라	카메라
fungsi	풍시	기능
diskon	디스꼰	할인
kalau / jika	깔라우 / 지까	만약 ~(이)라면
pintar	삔따ㄹ	똑똑하다
rekan	르깐	동료

1. 전치사 dengan(3) (형용사)하게

① dengan + 형용사

형용사 앞에 dengan을 써서 'dengan + 형용사' 형식으로 쓰면 '(형용사)하게'라고 부사화 되어서 앞에 놓인 동사를 수식합니다.

- **Ibu berbelanja dengan hemat.** 어머니는 알뜰하게 쇼핑합니다.
- **Saya ingin tahu cara transfer dengan mudah.**
  저는 쉽게 송금하는 법을 알고 싶습니다.

② dengan의 생략 표현

'동사 + dengan + 형용사' 구문에서 대부분의 경우 dengan은 생략되고 두 품사의 위치가 바뀌어 '형용사 + 동사' 순으로 쓸 수 있습니다. 예를 들어 'belajar dengan rajin(열심히 공부하다)'은 'rajin belajar'와 같은 표현입니다.

- **Dia mudah boros uang. (= Dia boros uang dengan mudah.)**
  그는 쉽게 돈 낭비해요.
- **Bus itu cepat datang. (= Bus itu datang dengan cepat.)**
  그 버스는 빨리 옵니다.

③ 한 문장에서는 중복 사용 피하기

다양한 뜻이 있는 dengan이 한 문장 안에서 두 개 이상 쓰이면 문장이 다소 부자연스러워집니다. 이럴 때는 앞서 배운 bersama, pakai, naik처럼 dengan을 대체할 수 있는 표현들로 바꿔 쓰는 것이 좋습니다.

- **Saya belajar dengan rajin dengan teman saya dengan kelas daring.** (△)
- **Saya belajar dengan rajin bersama teman saya pakai kelas daring.** (○)
  저는 온라인 수업으로 친구들과 함께 열심히 공부합니다.

2. 의문사 bagaimana 어떠한, 어떻게

① 의견, 상태, 느낌, 성격에 대해 물을 때

'어떠한'이라는 뜻으로 상대방의 의견이나 어떤 대상의 상태, 느낌, 성격이 어떤지 물을 때 사용합니다. 구어체에서는 gimana라고 표현하기도 합니다.

- **Bagaimana pendapat kamu?** 당신의 의견은 어떤가요?
- **Gimana Andi?** 안디는 어때?

② 안부를 물을 때

안부를 묻는 표현인 'apa kabar(어떻게 지내나요?, 잘 지내나요?)' 대신 bagaimana kabar나 gimana kabar처럼 쓸 수도 있습니다.

- **Bagaimana kabar keluarga Bapak?** 선생님 가족은 어떻게 지내시나요?
- **Gimana kabarnya?** 잘 지내셨나요?

③ 제안할 때

의문사 bagaimana 뒤에 '만약 ~(이)라면'이라는 뜻의 접속사 kalau나 jika를 붙이면 '~하는 건 어떨까요?'라는 의미가 되어 상대방에게 제안하는 표현을 나타낼 수 있습니다.

- **Bagaimana kalau membeli yang ini saja?**
  그냥 이걸 사는 건 어떨까?
- **Bagaimana jika kita makan bersama besok?**
  내일 저희 같이 식사하면 어떨까요?

필수 패턴

다음 문장을 세 번씩 따라 읽어 보세요.

아꾸 블라자ㄹ 등안 라진
Aku belajar dengan rajin.

사야 말라ㅅ 브끄르자 하리 이니
Saya malas bekerja hari ini.

스무아 오랑 마깐 말람 등안 에낙
Semua orang makan malam dengan enak.

아낙 사야 삔따ㄹ 브르바하사 쁘란찌ㅅ
Anak saya pintar berbahasa Prancis.

아딕꾸 무다ㅎ 므므산 로띠 등안 하뻬
Adikku mudah memesan roti dengan HP.

기마나 아따산무
Gimana atasanmu?

바가이마나 라사 주ㅅ 아쁠 이뚜
Bagaimana rasa jus apel itu?

바가이마나 깔라우 끼따 나익 딱시 사자
Bagaimana kalau kita naik taksi saja?

바가이마나 지까 까미 브르위사따 등안 쁘만두 위사따
Bagaimana jika kami berwisata dengan pemandu wisata?

한국어 뜻을 보고 인도네시아어로 따라 쓰고 빈칸에 알맞은 말을 써 보세요.

나는 열심히 공부했어.
Aku belajar ______.

저는 오늘 일하기가 귀찮아요.
Saya ______ bekerja hari ini.

모든 사람들이 저녁을 맛있게 먹었어요.
Semua orang makan malam ______.

제 아이는 프랑스어를 잘해요.
Anak saya ______ berbahasa Prancis.

제 동생은 휴대 전화로 빵을 쉽게 주문해요.
Adikku ______ memesan roti dengan HP.

당신 상사는 어떤가요?
______ atasanmu?

그 사과 주스 맛은 어때요?
______ jus apel itu?

우리 그냥 택시를 타면 어떨까요?
______ kita naik taksi saja?

우리 여행 가이드와 관광하면 어떨까요?
Bagaimana jika kami berwisata dengan ______?

실전 회화

Track 18-3

바가이마나 까메라 이니
Yuka Bagaimana kamera ini?

와 까메라 이니 므밀리끼 바냑 풍시 바루
Andi Wah, kamera ini memiliki banyak fungsi baru.

야 깐 사야 마우 믐블리 양 이니 사자
Yuka Ya, kan? Saya mau membeli yang ini saja.

바가이마나 깔라우 믐블리 등안 온라인 사자
Andi Bagaimana kalau membeli dengan online saja?

까무 비사 믐블리 등안 무라ㅎ
Kamu bisa membeli dengan murah.

띠닥 아빠-아빠 까메라 이니 아다 디스꼰 깔라우 믐바야ㄹ
Yuka Tidak apa-apa. Kamera ini ada diskon kalau membayar

등안 까루뚜 아베쎄
dengan kartu ABC.

한국어 해석

유카 이 카메라는 어때?

안디 와, 이 카메라 새로운 기능이 많이 있네.

유카 그렇지? 나는 그냥 이걸로 살래.

안디 온라인으로 사 보는 건 어때?
저렴하게 살 수 있어.

유카 괜찮아. 이 카메라는 ABC 카드로 지불하면 할인이 되거든.

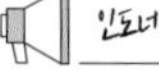

인도네시아 문화 Tip!

인도네시아 사회, 특히 이슬람 문화권에서는 결혼과 출산을 축복으로 여겨 이와 관련된 질문을 비교적 가볍게 건네곤 합니다. 반대로 나이를 직접적으로 묻는 경우는 거의 없다는 점이 우리 문화와 크게 다른 부분이라고 볼 수 있습니다.

연습 문제

1. 녹음을 듣고 빈칸을 채워 넣어 올바른 문장을 만들어 보세요. Track 18-4

① ____________ kalau membeli dengan kartu itu?

② Dia membeli dengan ____________.

③ Kakak saya ____________ berbahsa Inggris.

④ Hari ini saya dan rekan saya bekerja ____________.

2. 다음 보기 중 알맞은 단어를 빈칸에 넣어 문장을 완성해 보세요.

보기 bagaimana / bagaimana kalau / pakai / naik

① ____________ rasa nasi goreng itu?
그 나시고랭 맛은 어떤가요?

② Biasanya saya membeli ____________ uang tunai.
보통 저는 현금으로 구매해요.

③ Kita berjalan-jalan ke taman bersama ibu ____________ sepeda.
우리는 어머니와 자전거를 타고 공원으로 놀러가요.

④ ____________ kita bertemu di depan pintu keluar?
우리 출구에서 만나면 어떨까요?

정답

1. ① Bagaimana ② hemat ③ pintar ④ dengan malas
2. ① Bagaimana ② pakai ③ naik ④ Bagaimana kalau

Saya sedang mencari informasi visa.

저는 비자 정보를 찾고 있어요.

학습 목표

- 조동사 sedang을 배워봅니다.
- 조동사 masih를 배워봅니다.

발음에 유의하며 다음 단어를 듣고 따라 말해 보세요.

Track 19-1

인도네시아어	독음	뜻
mencari	믄짜리	찾다
informasi	인포르마시	정보
membuat	믐부앗	만들다
berlibur	브를리부ㄹ	휴가를 보내다
mandi	만디	목욕하다
membuat PR / mengerjakan PR	믐부앗 뻬에ㄹ / 믕으르자깐 뻬에ㄹ	숙제를 하다
kerajaan	끄라자안	왕조
belum	블룸	아직도 ~하지 않다
orang tua	오랑 뚜아	부모님
sopir	소삐ㄹ	운전기사
sudah	수다ㅎ	이미 ~하다, ~한 후에
tepat	뜨빳	정확하다
menunggu	므눙구	기다리다

1. 조동사 sedang ~하는 중이다(현재 진행)

① 현재 진행 중인 동작

조동사 sedang은 '~하는 중이다'라는 의미로, 동사 앞에 놓여서 현재 진행 중인 동작과 상태를 나타냅니다.

- **Ibu sedang membuat teh.** 어머니는 차를 만들고 계세요.
- **Mereka sedang berlibur di Bandung.** 그들은 반둥에서 휴가 중입니다.

② 유의어 lagi

'더', '재차'라는 뜻을 가지고 있는 부사 lagi는 구어체에서 한정적으로 sedang과 같은 의미인 '~하는 중이다'라는 뜻으로 쓰이기도 합니다.

- **Saya lagi di luar.**
  (= Saya sedang di luar.)
  저는 밖에 있는 중이에요.
- **Saya lagi bertemu dengan Andi.**
  (= Saya sedang bertemu dengan Andi.)
  저는 안디와 만나는 중이에요.

③ sedang의 부정문

sedang은 동사를 부정하는 tidak을 써서 '(지금) ~하고 있지 않다'라는 의미의 부정문을 나타낼 수 있습니다.

- **Ibu sedang tidak ada di rumah.** 어머니는 집에 안 계세요.
- **Saya sedang tidak mandi.** 저는 목욕하고 있지 않아요.

2. 조동사 masih 아직 ~하는 중이다(미완료), 여전히 ~하다(상태 지속)

① 미완료된 동작

조동사 masih는 '아직 ~하는 중이다'라는 의미로, 동사 앞에 놓여서 현재 어떠한 동작이 아직 완료되지 않았음을 나타냅니다.

- **Adikku masih membuat PR.** 내 동생은 아직 숙제 중이야.
- **Ayah masih di jalan.** 아버지는 아직 가시는 길입니다.

② 유지·지속되는 상태

또한 masih는 '여전히 ~하다'라는 의미로 현재까지 어떤 상태가 유지, 지속되고 있는 경우를 나타낼 때에도 쓸 수 있습니다.

- **Beliau masih bekerja di PT ABC.** 그분은 여전히 ABC 회사에서 근무합니다.
- **Inggris masih memiliki kerajaannya.** 영국은 여전히 왕조를 가지고 있습니다.

③ masih의 부정문

masih는 동사를 부정하는 tidak을 써서 '아직 ~하지 않다'라는 의미의 부정문을 나타낼 수 있습니다. 이때 tidak 대신 '아직도 ~하지 않다'라는 의미인 belum을 써도 됩니다.

- **Saya masih tidak tahu namanya.** 저는 아직 그의 이름을 모릅니다.
- **Saya masih belum tahu dia.** 저는 아직도 그를 잘 모르겠습니다.

필수 패턴

다음 문장을 세 번씩 따라 읽어 보세요.

디아 스당 디 시니
Dia sedang di sini.

므레까 라기 디 잘란
Mereka lagi di jalan.

까깍 스당 믐부앗 뻬에ㄹ 등안 라진
Kakak sedang membuat PR dengan rajin.

오랑 뚜아 사야 스당 브를리부ㄹ 디 메단
Orang tua saya sedang berlibur di Medan.

까무 마시ㅎ 디 루마ㅎ
Kamu masih di rumah?

쭈아짜 하리 이니 마시ㅎ 믄둥
Cuaca hari ini masih mendung.

소삐ㄹ 이뚜 마시ㅎ 블룸 다땅 하리 이니
Sopir itu masih belum datang hari ini.

사야 마시ㅎ 띠닥 믄다빳 발라산냐
Saya masih tidak mendapat balasannya.

아딕꾸 마시ㅎ 띠닥 따후 짜라 믕으르자깐 뻬에ㄹ 이뚜
Adikku masih tidak tahu cara mengerjakan PR itu.

한국어 뜻을 보고 인도네시아어로 따라 쓰고 빈칸에 알맞은 말을 써 보세요.

그는 여기에 있어요.

Dia sedang ______.

그들은 가는 길이에요.

Mereka lagi ______.

형은 열심히 숙제하는 중이에요.

Kakak sedang ______ dengan rajin.

제 부모님은 메단에서 휴가 중이세요.

Orang tua saya ______ di Medan.

너는 아직 집이야?

Kamu ______ di rumah?

오늘 날씨는 여전히 흐려요.

Cuaca hari ini ______.

오늘 운전기사는 아직도 오지 않았어요.

Sopir itu ______ datang hari ini.

저는 아직 그의 답장을 받지 못했어요.

Saya masih ______ balasannya.

제 동생은 아직 그 숙제를 하는 방법을 몰라요.

Adikku masih ______ cara mengerjakan PR itu.

실전 회화

Track 19-3

Andi Kamu sedang apa?
(까무 스당 아빠)

Yuka Saya sedang mencari informasi Prancis.
(사야 스당 믄짜리 인포르마시 쁘란찌ㅅ)

Andi Eh, masih?
(에 마시ㅎ)

Yuka Ya, kalau informasi wisata sudah ada banyak,
(야 깔라우 인포르마시 위사따 수다ㅎ 아다 바냑)
tetapi masih belum ada informasi visa yang tepat.
(뜨따삐 마시ㅎ 블룸 아다 인포르마시 비사 양 뜨빳)

Andi Oh, begitu.
(오 브기뚜)

한국어 해석

안디 너는 지금 뭐 해?

유카 나는 프랑스에 대한 정보를 찾는 중이야.

안디 어, 아직도?

유카 응, 여행 정보라면 이미 많이 있는데,
정확한 비자 정보는 아직도 없네.

안디 오, 그렇구나.

 인도네시아 문화 Tip!

인도네시아 현지 회사는 퇴근 시간 이후의 회식 문화가 거의 없습니다. 만약 축하할 일이 있을 때는 점심 시간에 다 함께 모여 식사하는 정도입니다. 또한 사내에 큰 행사가 열리면 각 직원의 가족들까지 함께 참석해 즐길 정도로 가족 단위 활동이 흔합니다.

연습 문제

1. 녹음을 듣고 빈칸을 채워 넣어 올바른 문장을 만들어 보세요. Track 19-4

① Sopir itu ________________ menunggu di depan rumah.

② Di toko itu ________________ ada diskon besar.

③ Kita ________________ tahu kabar teman itu.

④ Rumah itu ______________________.

2. 다음 빈칸에 masih와 sedang 중 알맞은 단어를 넣어 문장을 완성해 보세요.

① Kita ______________ tinggal di Padang.
우리는 여전히 빠당에 살아요.

② Bapak Kim ______________ berlibur di Yogyakarta.
김 선생님은 족자카르타에서 휴가를 보내고 있어요.

③ Mereka ______________ belajar di dalam kampus.
그들은 아직도 교내에서 공부하고 있어요.

④ Saya ______________ mencari anjing itu.
저는 그 강아지를 찾고 있어요.

정답

1. ① masih ② sedang ③ tidak ④ masih jauh
2. ① masih ② sedang ③ masih ④ sedang

Akhirnya, saya sudah menerima visa.

마침내 저는 비자를 받았어요.

학습 목표

- 조동사 sudah를 배워봅니다.
- 조동사 belum을 배워봅니다.

새 단어

발음에 유의하며 다음 단어를 듣고 따라 말해 보세요. Track 20-1

인도네시아어	독음	뜻
akhirnya	악히르냐	마침내, 결국
menerima	므느리마	받다
petugas	쁘뚜가ㅅ	담당자, 직원
kuliah	꿀리아ㅎ	대학을 다니다, 강의
telah	뜰라ㅎ	이미 ~하다
beasiswa	베아시스와	장학금, 장학생
menjawab	믄자왑	대답하다
rapat	라빳	회의
meminjamkan	므민잠깐	빌려주다
kepada	끄빠다	~에게
perusahaan	쁘루사하안	회사, 기업
barang	바랑	물건, 물품
untuk	운뚝	~을(를) 위해

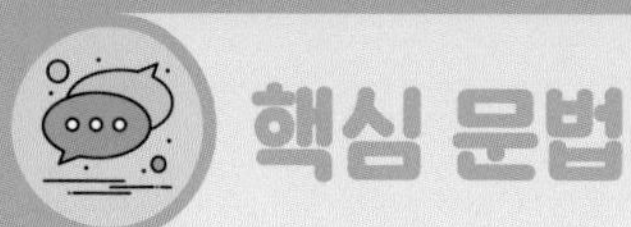

1. 조동사 sudah 이미(벌써) ~하다

① 현재 완료된 동작

조동사 sudah는 '이미(벌써) ~하다'라는 의미로 이미 완료된 동작을 나타냅니다.

- **Petugas itu sudah masuk kerja tadi.** 그 담당자는 아까 출근했어요.
- **Mas Joko sudah kuliah di Universitas itu.**
  조코 씨는 그 대학교를 다녔어요(졸업했어요).

② 유의어 telah

'이미(벌써) ~하다'라는 sudah와 비슷한 의미로 telah를 쓸 수 있습니다.

- **Anak itu sudah menerima beasiswa.**
  (= Anak itu telah menerima beasiswa.)
  그 아이는 이미 장학금을 받았습니다.

- **Kakak dan adik itu sudah tidur.**
  (= Kakak dan adik itu telah tidur.)
  그 형과 동생은 이미 자요.

③ sudah와 telah의 차이

어떠한 상황에 대해 질문했을 때 이미 완료되었다고 답하는 경우, sudah는 그 자체로 대답이 될 수도 있는 반면, telah는 단독으로 사용이 불가능하고 동사 앞에 놓여 조동사 역할만 할 수 있습니다.

A **Anda sudah makan?** 당신은 식사했나요?
B **Telah, saya telah makan.** (X)
Sudah, saya sudah makan. 했어요. 저는 이미 먹었어요. (O)

2. 조동사 belum 아직 ~하지 않다

① 아직 시작되기 전의 동작

조동사 belum은 '아직 ~하지 않다'라는 의미로 현재 시작되지 않은 동작을 나타냅니다.

- **Saya belum menerima visa.** 저는 아직 비자를 받지 못했어요.
- **Beliau belum menjawab.** 그분은 아직 대답하지 않았어요.

② belum과 tidak의 차이

belum은 아직 일어나지 않았지만 실행할 계획이나 가능성이 어느 정도 있는 경우에 쓰는 반면, tidak은 아직 일어나지 않았을 뿐만 아니라 실행할 계획이나 가능성이 낮은 경우에 쓴다는 차이점이 있습니다.

- **Saya belum makan karena rapat.**
  저는 회의 때문에 식사를 아직 못 했어요.
- **Saya tidak makan karena sedang diet.**
  저는 다이어트 중이라 식사를 안 할 거예요.

③ belum과 masih belum의 차이

belum은 아직 일어나지 않은 어떤 동작만을 나타내는 반면, masih belum은 '아직도 ~하지 않았다'라는 의미로 동작의 예상 시작 시점보다 지연되었다는 어감을 내포합니다.

- **Temanku belum datang.** 내 친구는 아직 안 왔어.
- **Temanku masih belum datang.** 내 친구는 아직도 안 왔어.

필수 패턴

다음 문장을 세 번씩 따라 읽어 보세요.  

까무 수다ㅎ 마깐
Kamu sudah makan?

또꼬 이뚜 뜰라ㅎ 므민잠깐 바주 끄빠다냐
Toko itu telah meminjamkan baju kepadanya.

아야ㅎ 수다ㅎ 따후 풍시 꼼뿌뜨ㄹ 바루
Ayah sudah tahu fungsi komputer baru.

쁘루사하안 이뚜 뜰라ㅎ 마숙 끄 빠사ㄹ 인도네시아
Perusahaan itu telah masuk ke pasar Indonesia.

므레까 블룸 따후 짜라 뜨란스퍼ㄹ 등안 무다ㅎ
Mereka belum tahu cara transfer dengan mudah.

르깐 사야 블룸 뿔랑 까르나 아다 라빳
Rekan saya belum pulang karena ada rapat.

블리아우 블룸 믄자왑 아빠-아빠
Beliau belum menjawab apa-apa.

사야 마시ㅎ 블룸 뜨란스퍼ㄹ 우앙 까깍
Saya masih belum transfer uang kakak.

오랑 뚜아 사야 블룸 믐블리 까메라 양 마할 이뚜
Orang tua saya belum membeli kamera yang mahal itu.

한국어 뜻을 보고 인도네시아어로 따라 쓰고 빈칸에 알맞은 말을 써 보세요.

당신 식사는 했나요?

Kamu ________ makan?

그 가게는 그에게 옷을 빌려주었어요.

Toko itu ________ baju kepadanya.

아버지는 새 컴퓨터의 기능을 이미 알고 있어요.

Ayah ________ tahu fungsi komputer baru.

그 회사는 인도네시아 시장에 진출했어요.

Perusahaan itu ________ ke pasar Indonesia.

그들은 쉽게 송금하는 방법을 몰라요.

Mereka ________ cara transfer dengan mudah.

제 동료는 회의가 있어서 아직 퇴근하지 못했어요.

Rekan saya ________ pulang karena ada rapat.

그분은 아직 아무것도 대답하지 않으셨어요.

Beliau belum menjawab ________.

저는 형의 돈을 아직도 송금하지 않았어요.

Saya ________ transfer uang kakak.

제 부모님은 그 비싼 카메라를 아직 구매하지 않으셨어요.

Orang tua saya ________ kamera yang mahal itu.

실전 회화

Track 20-3

하이 유카 바가이마나 비사 양 끄마린 이뚜
Andi Hai, Yuka. Bagaimana visa yang kemarin itu?

에 안디 악히ㄹ냐 사야 수다ㅎ 믄다빳 비사냐
Yuka Eh, Andi. Akhirnya saya sudah mendapat visanya.

바익 까무 수다ㅎ 믐블리 바랑-바랑 운뚝 위사따
Andi Baik! Kamu sudah membeli barang-barang untuk wisata?

수다ㅎ 따삐 사야 블룸 뿌냐 꼬뽀ㄹ 양 브사ㄹ
Yuka Sudah, tapi saya belum punya kopor yang besar.
사야 아깐 믐블리냐 등안 인떠ㄹ넷
Saya akan membelinya dengan internet.

깔라우 까무 마우 사야 비사 므민잠깐 뿌냐 사야
Andi Kalau kamu mau, saya bisa meminjamkan punya saya.

한국어 해석

안디 안녕, 유카. 지난번 그 비자는 어떻게 됐어?

유카 어, 안디. 나 마침내 비자를 받았어.

안디 잘됐다! 너 여행용품들은 샀어?

유카 샀지. 그런데 나는 아직 큰 캐리어가 없어.
인터넷으로 그걸 사려고 해.

안디 네가 원하면 내 거 빌려줄 수 있어.

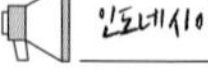

인도네시아 문화 Tip!

인도네시아에서는 더치페이가 일반적입니다. 예를 들어, 메인 요리 하나와 각자 단품 요리를 주문하는 경우 메인 요리만 사람 수에 따라 나누어 계산하고 단품 요리는 각자 계산하는 식입니다.

연습 문제

1. 녹음을 듣고 빈칸을 채워 넣어 올바른 문장을 만들어 보세요. Track 20-4

① Anak itu ________________ menjadi dosen.

② Saya ________________ membeli pensil itu karena mahal.

③ Saya ________________ membaca e-mail darimu.

④ Kita ________________ pindah ke Seoul.

2. 다음 보기 중 알맞은 단어를 빈칸에 넣어 문장을 완성해 보세요.

보기 masih / masih belum / sedang / sudah

① Saya ________________ meminjamkan kopor saya.
저는 제 캐리어를 빌려줬어요.

② Kakakku ________________ makan mi.
우리 형은 지금 라면을 먹고 있어.

③ Kita ________________ di jalan.
우리는 아직 가는 길이에요.

④ Ibu ________________ berbelanja ke supermarket.
어머니는 아직도 마트에 장을 보러 가지 않으셨어요.

정답

1. ① sudah ② tidak ③ masih belum ④ telah
2. ① sudah ② sedang ③ masih ④ masih belum

21과

Nanti saya mau ke dokter.

저는 이따가 병원에 갈 거예요.

학습 목표

- 조동사 akan을 배워봅니다.
- 다양한 시제 표현을 배워봅니다.

발음에 유의하며 다음 단어를 듣고 따라 말해 보세요.

Track 21-1

인도네시아어	독음	뜻
dokter	독떠ㄹ	의사
rencana	른짜나	계획
kantin	깐띤	매점
sibuk	시북	바쁘다
demam	드맘	열이 나다
nenek / kakek	네넥 / 까껙	할머니 / 할아버지
membuka	믐부까	열다
pabrik	빠브릭	공장
kondisi	꼰디시	컨디션, 상태
kelihatan	끌리하딴	보이다
sakit	사낏	아프다
badan	바단	몸
ikut	이꿋	따르다, 함께하다
setelah	스뜰라ㅎ	이후
selesai	슬르사이	끝나다

1. 조동사 akan ~할 것이다

① 미래에 일어날 일을 예측

조동사 akan은 '~할 것이다'라는 의미로 미래에 일어날 일을 추측하거나 예상할 때 씁니다.

- **Perusahaan itu akan membuat rencana tahun depan.**
  그 회사는 내년 계획을 세울 것입니다.
- **Anak saya akan masuk kuliah tahun depan.**
  제 아이는 내년에 대학에 입학할 거예요.

② 유의어 mau

akan과 mau는 '~할 것이다'라는 미래 예측의 의미로 유사하게 쓰입니다. 다만, 무언가 하고자 하는 주어의 의지가 부각되거나 가까운 시일 내에 일어날 일이라면 mau를 쓰는 것이 더 자연스럽습니다.

- **Saya mau ke kantin sekarang.** 저는 지금 매점에 갈 거예요.
- **Kita mau pulang naik taksi.** 우리는 택시를 타고 귀가할 거예요.

③ akan과 mau의 부정문

akan이나 mau가 쓰인 문장은 동사를 부정하는 tidak을 써서 '~하지 않을 것이다'라는 의미의 부정문을 나타낼 수 있습니다. mau 부정문은 어떠한 행동을 하지 않을 것이라는 주어의 의지가 내포된 표현입니다.

- **Kita tidak akan sibuk hari ini.** 우리는 오늘 안 바쁠 거예요.
- **Saya tidak mau pergi ke mana-mana.** 저는 아무 데도 안 갈 거예요.

2. 다양한 시제 표현

[과거] masa lalu	[현재] sekarang	[미래] masa depan
sudah 이미 ~하다 (완료된 상황)	sedang ~하는 중이다 (진행 중인 상황)	akan ~할 것이다 (비교적 먼 미래)
belum 아직 ~하지 않다 (완료되지 않은 상황)	masih 아직 ~하는 중이다 (지연된 상황)	mau ~할 것이다 (비교적 가까운 미래)
과거 시점을 특정하는 단어	-	미래 시점을 특정하는 단어

① 조동사가 없는 과거형 문장

문장 안에 과거 시점을 특정하는 단어가 있으면 과거를 나타내는 조동사가 없어도 과거형이 됩니다.

- **Adik saya demam kemarin.** 제 동생은 어제 열이 났어요.
- **Nenek dulu tinggal bersama kami.** 할머니는 예전에 저희와 함께 사셨어요.

② 조동사가 없는 미래형 문장

문장 안에 미래 시점을 특정하는 단어가 있으면 미래를 나타내는 조동사가 없어도 미래형이 됩니다.

- **Diskon mulai besok.** 할인은 내일부터 시작합니다.
- **Mereka membuka pabrik baru tahun depan.**
  그들은 내년에 새 공장을 열 것입니다.

③ 조동사와 특정 시점 표현을 함께 쓰는 경우

시제를 나타내는 조동사와 특정 시점 표현은 한 문장에서 함께 쓰일 수 있습니다.

- **Saya sudah bekerja di sini sejak tahun lalu.**
  저는 작년부터 여기서 일하고 있었습니다.
- **Karyawan itu belum pulang sampai sekarang.**
  그 직원은 지금도 아직 퇴근하지 않았어요.

필수 패턴

다음 문장을 세 번씩 따라 읽어 보세요.

아딕 사야 마우 끄 또일렛
Adik saya mau ke toilet.

사야 마우 만디 둘루
Saya mau mandi dulu.

까미 아깐 시북 물라이 다리 베속
Kami akan sibuk mulai dari besok.

까르야완 이뚜 아깐 브끄르자 등안 사야
Karyawan itu akan bekerja dengan saya.

사야 므느리마 비사 밍구 드빤
Saya menerima visa minggu depan.

꼰디시 까껙 사야 끌리하딴 꾸랑 바익 하리 이니
Kondisi kakek saya kelihatan kurang baik hari ini.

난띠 사야 마깐 디 깐띤 등안 리나
Nanti saya makan di kantin dengan Lina.

이부 사야 믐부까 또꼬 로띠 양 바루 밍구 드빤
Ibu saya membuka toko roti yang baru minggu depan.

따훈 랄루 사야 수다ㅎ 믐블리 까메라 양 무라ㅎ 이뚜
Tahun lalu saya sudah membeli kamera yang murah itu.

한국어 뜻을 보고 인도네시아어로 따라 쓰고 빈칸에 알맞은 말을 써 보세요.

제 동생은 화장실에 가고 싶어 해요.
Adik saya ______ ke toilet.

저는 우선 씻을게요.
Saya mau mandi ______.

우리는 내일부터 바빠질 거예요.
Kami akan sibuk ______ dari besok.

그 직원은 저와 일할 거예요.
Karyawan itu ______ dengan saya.

저는 다음 주에 비자를 받아요.
Saya menerima visa ______.

오늘 할아버지의 컨디션이 좋지 않아 보여요.
Kondisi kakek saya ______ kurang baik hari ini.

나중에 저는 리나와 매점에서 먹을 거예요.
______ saya makan di kantin dengan Lina.

저희 어머니는 다음 주에 새로운 빵 가게를 여세요.
Ibu saya membuka toko roti yang baru ______.

작년에 저는 그 저렴한 카메라를 구매했어요.
______ saya sudah membeli kamera yang murah itu.

실전 회화

Track 21-3

Nate	까무 바익-바익 사자 끌리하딴 사낏 Kamu baik-baik saja? Kelihatan sakit.
Lina	바단 사야 꾸랑 에낙 브르드맘 스작 끄마린 Badan saya kurang enak. Berdemam sejak kemarin.
Nate	까무 수다ㅎ 끄 독떠ㄹ Kamu sudah ke dokter?
Lina	블룸 난띠 사야 마우 끄 독떠ㄹ Belum, nanti saya mau ke dokter.
Nate	사야 마우 이꿋 까무 까무 아깐 끄 독떠ㄹ 하리 이니 Saya mau ikut kamu. Kamu akan ke dokter hari ini?
Lina	야 스뜰라ㅎ 끌라ㅅ 이니 슬르사이 Ya, setelah kelas ini selesai.

한국어 해석

네이트	너 괜찮아? 아파 보이네.
리나	나 몸이 별로 안 좋아. 어제부터 열이 나.
네이트	병원에는 가 봤어?
리나	아직 안 가 봤어. 이따가 병원에 가려고.
네이트	내가 너를 따라갈게. 오늘 병원에 갈 거야?
리나	응, 이 수업이 끝나고 나서 가려고 해.

 인도네시아 문화 Tip!

인도네시아의 광복절은 한국과 2일 차이나는 8월 17일입니다. 인도네시아 역시 3년간 일제 식민지 시절을 겪었기 때문입니다. 그래서 매년 8월 17일에는 도시 곳곳이 국기와 'merdeka(독립)'라는 문구로 화려하게 꾸며지곤 합니다.

연습 문제

1. 녹음을 듣고 빈칸을 채워 넣어 올바른 문장을 만들어 보세요. Track 21-4

① Kita ____________ berkunjung ke pabrik ____________.

② Ayah ____________ berangkat kerja sekarang.

③ Kami ______________________ membuat rencana baru.

④ Saya akan pergi ke ____________.

2. 다음 보기 중 알맞은 단어를 빈칸에 넣어 문장을 완성해 보세요.

보기 ikut kamu / berkunjung ke / mandi / membuka toko

① Guru itu mau __________________.
그 선생님은 당신을 따라 갈 거예요.

② Aku mau __________________ sekarang.
저는 지금 씻으려고요.

③ Besok ibu tidak akan __________________.
내일 어머니는 가게 문을 열지 않으실 거예요.

④ Teman itu __________________ kampus kami kemarin.
그 친구는 어제 우리 학교에 방문했어요.

정답

1. ① akan / besok ② mau ③ tidak akan ④ imigrasi
2. ① ikut kamu ② mandi ③ membuka toko ④ berkunjung ke

Saya sudah punya 2 buah tiket.

저는 티켓 두 장을 가지고 있어요.

학습 목표

- 1 단위부터 10 단위를 배워봅니다.
- 100 단위와 1,000 단위를 배워봅니다.

새 단어

발음에 유의하며 다음 단어를 듣고 따라 말해 보세요. Track 22-1

인도네시아어	독음	뜻
buah	부아ㅎ	개(개수를 세는 수량사)
nomor	노모ㄹ	번호
mahasiswa	마하시스와	대학생
berdiri	브르디리	서다, 일어서다
tanggal	땅갈	날짜
jeruk	즈룩	귤, 오렌지
ekor	에꼬ㄹ	마리(동물을 세는 수량사)
membangun	믐방운	건설하다
umur	우무ㄹ	나이
bayi	바이	아기
waktu	왁뚜	때, 시기
kalau begitu	깔라우 브기뚜	그러면
pesta	뻬스따	축제

1. 1 단위부터 10 단위

0	kosong / nol	5	lima	10	sepuluh	15	lima belas	20	dua puluh
1	satu	6	enam	11	sebelas	16	enam belas	21	dua puluh satu
2	dua	7	tujuh	12	dua belas	17	tujuh belas	22	dua puluh dua
3	tiga	8	delapan	13	tiga belas	18	delapan belas		···
4	empat	9	sembilan	14	empat belas	19	sembilan belas	30	tiga puluh

① 0과 1

0을 숫자로 표현할 때는 nol, 전화번호 등 일련번호에 쓰일 때는 kosong이라고 합니다. kosong은 '텅 빈'이라는 의미도 있습니다. 또한, satu 뿐만 아니라 접두사 se-도 1이라는 의미를 나타냅니다.

- **Mulai dari nol lagi.** 다시 0에서 시작하자.
- **Nomor saya kosong dua – satu dua tiga – empat lima enam.**
  제 번호는 02-123-456입니다.
- **Kelas ini kosong.** 이 교실은 텅 비었어.
- **Seorang mahasiswa berdiri di depan kelas.**
  대학생 한 명이 교실 앞에 서 있습니다.

② 11~19와 10 단위 나타내기

11부터 19까지는 1의 자리 숫자 뒤에 belas를 붙여 표현하며, 10 단위는 십의 자리 숫자 뒤에 puluh를 붙여 표현합니다.

- **Hari ini tanggal tiga belas.** 오늘은 13일이에요.
- **Saya mau membeli empat belas buah jeruk.** 저는 귤 14개를 살 거예요.
- **Di taman ini ada dua puluh ekor anjing.** 이 공원에는 20마리의 개가 있어요.
- **Tiga puluh lima orang Korea berkunjung ke Jakarta.**
  한국인 35명이 자카르타에 방문했습니다.

2. 100 단위와 1,000 단위

100	seratus
1,000	seribu

① 100 단위

100 단위는 백의 자리 숫자 뒤에 ratus를 붙여 표현합니다.

- **Kita akan membangun seratus lima puluh buah rumah di sini.**
  우리는 이곳에 150채의 집을 건설할 것입니다.
- **Umur bayi itu sudah dua ratus enam puluh sembilan hari.**
  그 아이의 나이는 269일이 되었습니다.(그 아이는 태어난 지 269일 되었습니다.)

② 1,000 단위

1,000 단위는 천의 자리 숫자 뒤에 ribu를 붙여 표현합니다.

- **Kita akan bertemu tahun dua ribu tiga puluh.** 우리는 2030년에 만날 거예요.
- **Kakak saya lahir tahun seribu sembilan ratus sembilan puluh delapan.**
  저희 형은 1998년에 태어났습니다.

③ 범위를 한정

접미사 -an을 붙여서 해당 수 단위 대로 범위를 한정할 수 있습니다.

- **Roti di toko itu semuanya seribuan.** 그 가게의 빵은 모두 천 원대입니다.
- **Saya tinggal di Indonesia waktu tahun 1990-an.**
  저는 1990년대에 인도네시아에서 살았습니다.

필수 패턴

다음 문장을 세 번씩 따라 읽어 보세요.  Track 22-2

깐또ㄹ 이뚜 수다ㅎ 꼬송
Kantor itu sudah kosong.

띠가 오랑 마하시스와 아다 디 시니
3 orang mahasiswa ada di sini.

음바 리나 뿌냐 스에꼬ㄹ 안징
Mbak Lina punya seekor anjing.

우무ㄹ 이부 사야 리마 쁠루ㅎ 들라빤 따훈
Umur ibu saya 58 tahun.

앙고따 끌루아르가 사야 뜨르디리 다리 음빳 오랑
Anggota keluarga saya terdiri dari 4 orang.

노모ㄹ 빠 킴 꼬송 사뚜 꼬송 슴빌란 들라빤 뚜주ㅎ 으남 리마 음빳 띠가 두아
Nomor pak Kim 010 – 9876 – 5432.

바랑 이뚜 끌리하딴 두아 쁠루ㅎ-안
Barang itu kelihatan 20-an.

삼빠이 하리 이니 아다 디스꼰 띠가 쁠루 쁘르센
Sampai hari ini ada diskon 30%.

사야 띵갈 디 인도네시아 스작 따훈 두아 리부 두아
Saya tinggal di Indonesia sejak tahun 2002.

한국어 뜻을 보고 인도네시아어로 따라 쓰고 빈칸에 알맞은 말을 써 보세요.

그 사무실은 비었어요.

Kantor itu sudah ______.

대학생 세 명이 여기에 있어요.

______ mahasiswa ada di sini.

리나 씨는 강아지 한 마리를 키워요.

Mbak Lina punya ______ anjing.

어머니의 나이는 58세예요.

Umur ibu saya ______.

저희 가족 구성원은 네 명이에요.

______ saya terdiri dari 4 orang.

김 선생님의 번호는 010-9876-5432이에요.

______ pak Kim 010-9876-5432.

그 물건은 20개 정도로 보여요.

Barang itu kelhatan ______.

오늘까지 30% 할인이에요.

Sampai hari ini ada ______.

저는 2002년부터 인도네시아에 살았어요.

Saya tinggal di Indonesia ______.

실전 회화

Track 22-3

리나 까무 수다ㅎ 바익-바익 사자
Nate Lina, kamu sudah baik-baik saja?

야 사야 미눔 오밧 슬라마 띠가 하리
Lina Ya, saya minum obat selama 3 hari.
스까랑 수다ㅎ 띠닥 아빠-아빠
Sekarang sudah tidak apa-apa.

바구ㅅ 깔라우 브기뚜 까무 마우 끄 뻬스따 깜뿌ㅅ
Nate Bagus. Kalau begitu kamu mau ke pesta kampus?

바익 따삐 사야 띠닥 뿌냐 띠껫냐
Lina Baik, tapi saya tidak punya tiketnya.

띠닥 아빠-아빠 사야 수다ㅎ 뿌냐 두아 부아ㅎ 띠껫
Nate Tidak apa-apa. Saya sudah punya 2 buah tiket.

한국어 해석

네이트 리나야, 너 이제 괜찮아?

리나 응, 나 3일간 약을 먹었어.
지금은 괜찮아.

네이트 잘됐다. 그러면 오늘 캠퍼스 축제에 갈래?

리나 좋아. 그런데 나 티켓이 없어.

네이트 괜찮아. 내가 이미 티켓 두 장을 가지고 있어.

인도네시아 문화 Tip!

한국어로 숫자를 표기할 때는 천 단위를 나타낼 때 쉼표를 쓰고 소수점을 나타낼 때 마침표를 써서 표기하지만, 인도네시아어로 표기할 때는 반대로 천 단위에 마침표를 쓰고 소수점에 쉼표로 나타냅니다. 예를 들어, 3,500이 인도네시아어 표기로는 3.500이고, 0.5는 0,5입니다.

1. 녹음을 듣고 빈칸을 채워 넣어 올바른 문장을 만들어 보세요. Track 22-4

① Nomor HP saya ________________.

② Saya punya ________________ anjing.

③ Saya sedang membangun ________________ rumah.

④ Hari ini ________________.

2. 다음 보기 중 알맞은 단어를 빈칸에 넣어 문장을 완성해 보세요.

보기 minum obat / sejak tahun 2000 / 20-an / terdiri dari

① Keluarga saya ________________ 5 orang.
우리 가족은 다섯 명으로 구성되어 있어요.

② Saya berwisata ke Bali waktu ________________.
20대 때 저는 발리에 여행을 갔어요.

③ Aku sudah ________________.
저는 약을 먹었어요.

④ Saya membangun perusahaannya ________________.
저는 2000년도부터 우리 회사를 건설했습니다.

정답

1. ① 987-6543 ② 2 ekor ③ sebuah ④ tanggal 11
2. ① terdiri dari ② 20-an ③ minum obat ④ sejak tahun 2000

Pesta hari ini mulai jam setengah 8.

오늘 축제는 7시 반에 시작해요.

학습 목표

- 시간 표현을 배워봅니다.
- 전치사 pada를 배워봅니다.

새 단어

발음에 유의하며 다음 단어를 듣고 따라 말해 보세요. Track 23-1

인도네시아어	독음	뜻
jam	잠	시, 시각, 시계
setengah	스뜽아ㅎ	2분의 1
lewat	레왓	지나다, 거치다
menit	므닛	분
lalu	랄루	이전
tepat	뜨빳	정각, 정확하다
seperempat	스쁘르음빳	15분, 4분의 1
sangat	상앗	매우
gambar	감바ㄹ	그림
kemarin dulu	끄마린 둘루	그제
lusa	루사	모레
kafe	까페	카페
tamu	따무	손님
mengirim	믕이림	보내다
dinding	딘딩	벽

1. 시간 표현

A시 B분	jam A (lewat) B menit
A시 B분 전	jam A kurang B menit
~전/후	lalu / lagi

① 시간대를 구분하는 표현

'시', '시각'을 나타내는 jam으로 시간을 말할 때 pagi(아침), siang(점심), sore(오후), malam(밤)을 함께 쓰면 보다 구체적인 시간대를 나타낼 수 있습니다. 또한 '지나다'라는 의미의 lewat은 종종 생략됩니다.

- **Kelas ini mulai jam 7 (lewat) 20 menit pagi.**
  이 수업은 아침 7시 20분에 시작해요.
- **Sekarang jam 11 malam kurang 10 menit.** 지금은 밤 11시 10분 전이에요.

② 시간의 전후 표현

몇 분 혹은 몇 시간 전은 lalu, 후는 lagi라고 표현합니다.

- **Andi sudah pergi 30 menit lalu.** 안디는 30분 전에 갔어요.
- **Yuka akan masuk kerja 1 jam lagi.** 유카는 한 시간 뒤에 출근할 거예요.

③ 그 밖의 다양한 시간 표현

정각은 tepat, 15분은 seperempat이라고 합니다. 30분은 setengah라고 하는데, 현재 시간대에서 30분을 더하는 것이 아닌 다음 시간대에서 30분을 빼는 개념으로 표현합니다.

- **Dia bangun jam 9 tepat.** 그는 9시 정각에 일어났어요.
- **Kereta itu akan berangkat jam 11 seperempat.**
  그 기차는 11시 15분에 출발할 거예요.
- **Jam makan malam adalah jam setengah 7.** 저녁 식사 시간은 6시 30분이에요.

2. 전치사 pada ~에, ~에(게)

① 시간이나 시기 표현

시간, 날짜, 요일, 주, 월, 해 등 모든 시간 표현 앞에 '~에'라는 의미로 사용합니다. 문장 안에서 비교적 자유롭게 생략이나 도치가 가능합니다.

- **Kami bertemu (pada) jam 2 saja.** 우리 그냥 2시에 만나자.
- **Pada tahun lalu kita semua sangat sibuk.** 작년에 우리 모두는 매우 바빴어요.

② pada를 쓰지 않는 시간 표현

kemarin dulu(그제), kemarin(어제), besok(내일), lusa(모레), dulu(예전), tadi(아까), sekarang(지금), sebentar lagi(잠시 후), nanti(나중에)와 같은 표현들은 pada와 함께 쓰지 않습니다.

- **Pada kemarin kita tidak bertemu.** (X)
- **Kemarin kita tidak bertemu.** 어제 우리는 만나지 않았어요. (O)

③ 사람에 대해 쓰일 때

사람 앞에 pada가 쓰이면 '~에(게)'라는 의미가 됩니다. 또는 구어체에 한정하여 pada와 di를 혼용하기도 합니다.

- **Gambar itu ada pada saya.** 그 그림은 제게 있어요. (구어체 O, 문어체 O)
- **Gambar itu ada di saya.** 그 그림은 제게 있어요. (구어체 O)

필수 패턴

다음 문장을 세 번씩 따라 읽어 보세요.

스까랑 잠 슴빌란 레왓 두아뿔루ㅎ 뚜주ㅎ 므닛
Sekarang jam 9 lewat 27 menit.

난띠 끼따 브르뜨무 잠 사뚜 시앙 뜨빳 야
Nanti kita bertemu jam 1 siang tepat, ya.

끼따 끌루아르 다리 까페 잠 두아 스쁘르음빳
Kita keluar dari kafe jam 2 seperempat.

라빳 이니 마시ㅎ 브르잘란 스작 잠 스뜽아ㅎ 스뿔루ㅎ
Rapat ini masih berjalan sejak jam setengah 10.

따무 이뚜 다땅 디 깐또ㄹ 잠 스블라ㅅ 꾸랑 스뿔루ㅎ 므닛
Tamu itu datang di kantor jam 11 kurang 10 menit.

빠스뽀르무 아다 빠다 이부냐
Pasportmu ada pada ibunya.

빠다 따훈 이니 사야 수다ㅎ 므느리마 인포르마시 이뚜
Pada tahun ini, saya sudah menerima informasi itu.

빠다 잠 음빳 소레 아따산 사야 아깐 릉이림 이메일
Pada jam 4 sore, atasan saya akan mengirim e-mail.

쁘로그람 이뚜 수다ㅎ 물라이 띠가뿔루ㅎ 므닛 랄루
Program itu sudah mulai 30 menit lalu.

한국어 뜻을 보고 인도네시아어로 따라 쓰고 빈칸에 알맞은 말을 써 보세요.

지금은 9시 27분이에요.

Sekarang ______ lewat 27 menit.

이따 우리 오후 1시 정각에 만나요.

Nanti kita bertemu ______, ya.

우리는 2시 15분에 카페에서 나왔어요.

Kita keluar dari kafe jam 2 ______.

이 회의는 9시 반부터 (시작해서) 아직 계속되고 있어요.

Rapat ini masih berjalan sejak ______.

그 손님은 11시 10분 전에 사무실에 도착했어요.

Tamu itu datang di kantor ______.

당신의 여권은 어머니에게 있어요.

Paspormu ada ______.

올해 저는 이미 그 정보를 받았어요.

______, saya sudah menerima informasi itu.

오후 4시에 제 상사가 이메일을 보낼 거예요.

______, atasan saya akan mengirim e-mail.

그 프로그램은 30분 전에 시작했어요.

Program itu sudah mulai ______.

실전 회화

Track 23-3

Lina　　빼스따 하리 이니 물라이 잠 스뜽아ㅎ 들라빤
Pesta hari ini mulai jam setengah 8?

Nate　　띠닥 빼스따냐 잠 뚜주ㅎ 말람
Tidak, pestanya jam 7 malam.
베속 주가 아다 빼스따 이니 물라이 다리 잠 슴빌란 뜨빳
Besok juga ada pesta ini mulai dari jam 9 tepat.

Lina　　오 브기뚜 아 사야 띠닥 아다 띠껫
Oh, begitu. Ah, saya tidak ada tiket!

Nate　　아두ㅎ 띠껫냐 아다 빠다 사야
Aduh, tiketnya ada pada saya.
다리 따디 사야 뿌냐 띠껫무
Dari tadi saya punya tiketmu.

한국어 해석

리나　오늘 축제는 7시 반부터 시작이야?

네이트　아니, 축제는 저녁 7시부터야.
내일도 9시 정각부터 이 축제가 있어.

리나　오, 그렇구나. 어, 나 티켓이 없어!

네이트　아휴, 그 티켓은 나한테 있어.
아까부터 네 티켓은 내가 가지고 있었어.

 인도네시아 문화 Tip!

인도네시아 사람들은 약속 시간을 비교적 관대하게 여기는 경향이 있어 상대방이 늦어도 좀처럼 화를 내지 않습니다. 이는 도시의 교통체증이 워낙 심해서 정확한 도착 시간을 예측하기 어렵기 때문이기도 합니다.

1. 녹음을 듣고 빈칸을 채워 넣어 올바른 문장을 만들어 보세요. Track 23-4

① Sekarang jam 11 ________________.

② Ibu dan saya sudah naik bus pada ____________________.

③ Anak saya lahir __________________________.

④ Kami ________________ pada tahun ini.

2. 다음 빈칸에 전치사 pada와 di 중 알맞은 단어를 넣어 문장을 완성해 보세요.

① Meja ada ________ depan kursi.
책상은 의자 앞에 있어요.

② Saya cinta ________ kamu.
저는 당신을 사랑해요.

③ ________ tahun lalu, cuaca ________ Korea sangat dingin.
작년 서울의 날씨는 매우 추웠어요.

④ Gambar itu ada ________ dinding.
그 그림은 벽에 걸려있어요.

정답

1. ① tepat ② jam 3 seperempat ③ pada tahun lalu ④ menikah
2. ① di ② pada ③ Pada / di ④ pada

24과

Tanggal berapa kamu kembali dari Prancis?

당신은 프랑스에서 며칠에 돌아오나요?

학습 목표

- 의문사 berapa를 배워봅니다.
- 의문사 kapan을 배워봅니다.

새 단어

발음에 유의하며 다음 단어를 듣고 따라 말해 보세요.

Track 24-1

인도네시아어	독음	뜻
acara	아짜라	행사
mungkin	뭉낀	아마도
mendaftar	믄다프따ㄹ	신청하다, 등록하다
bermain	브르마인	(운동·연주를) 하다, 놀다
hingga	힝가	~까지
dinas	디나ㅅ	출장
luar negeri	루아르 느그리	해외
kambing	깜빙	염소
kaya	까야	부유하다
harta	하르따	재산
pulau	뿔라우	섬
menelepon	므넬레뽄	전화하다
pemandangan	쁘만당안	경치
indah	인다ㅎ	아름답다
pasti	빠스띠	분명하다, 확실하다
menyenangkan	므녀낭깐	즐겁다, 기쁘다

1. 의문사 berapa 몇, 얼마

① 수에 대해 물을 때

berapa는 '몇', '얼마'라는 뜻으로 수를 물을 때 쓰는 의문사입니다. 단수와 복수의 구분이나 셀 수 있는 명사와 셀 수 없는 명사의 구분은 별도로 하지 않고 두루 쓰이며 대답할 때는 의문사로 물어본 자리에 해당 수를 넣어서 말하면 됩니다.

A Nomor kamu berapa?
네 전화번호는 몇 번이야?

B Nomor saya 0811-1234-5678.
내 전화번호는 0811-1234-5678이야.

② 시간이나 날짜를 물을 때

berapa는 '몇'이라는 뜻으로 시간이나 날짜를 나타내는 단어와 함께 쓰여 이를 질문할 수 있습니다.

A Acaranya tanggal berapa?
그 행사는 며칠인가요?

B Mungkin tanggal 21.
아마도 21일이에요.

③ 수량을 물을 때

berapa는 수량을 세는 단어와 함께 쓰여 개수를 물을 수 있습니다.

A Berapa orang telah mendaftar program ini?
몇 명이 이 프로그램을 신청했나요?

B 13 orang telah mendaftar program itu.
13명이 그 프로그램을 신청했어요.

2. 의문사 kapan 언제

① 시점에 대해 물을 때

kapan은 '언제'라는 뜻으로 어떤 일이 발생한 시점을 물을 때 쓰는 의문사입니다. 대답할 때는 의문사로 물어본 자리에 해당 시점을 넣어 말하면 됩니다.

A **Kapan kamu datang di Indonesia?**
너는 언제 인도네시아에 왔니?

B **Saya datang di sini tahun lalu.**
저는 작년에 여기 왔어요.

② 시작 시점과 완료 시점을 물을 때

어떤 일의 시작 시점을 물을 때는 'sejak kapan(언제부터)'을 사용해 질문할 수 있고, 완료 시점을 물을 때는 '언제까지'라는 의미의 sampai kapan 혹은 hingga kapan을 사용해 질문할 수 있습니다.

- **Sejak kapan Anda bermain piano?** 당신은 언제부터 피아노를 쳤나요?
- **Kamu bekerja dinas sampai kapan?** 당신은 언제까지 출장인가요?
- **Dia berkunjung ke luar negeri hingga kapan?**
  그는 언제까지 해외에 방문해 있나요?

③ '언젠가'와 '언제든지'

kapan을 두 번 반복해서 쓰면 '언젠가'라는 의미가 되고, kapan 뒤에 '역시', '~도'라는 의미로 불특정을 나타내는 saja를 놓으면 '언제든지'라는 의미가 됩니다.

- **Kapan-kapan makan bersama, ya.** 언젠가(언제 한 번) 같이 식사해요.
- **Kapan saja datang, ya.** 언제든지 오세요.

필수 패턴

다음 문장을 세 번씩 따라 읽어 보세요.  Track 24-2

스까랑 잠 브라빠
Sekarang jam berapa?

안다 므밀리끼 브라빠 에꼬ㄹ 깜빙
Anda memiliki berapa ekor kambing?

오랑 까야 이뚜 뿌냐 브라빠 부아ㅎ 루마ㅎ
Orang kaya itu punya berapa buah rumah?

오랑 까야 이뚜 므밀리끼 바냑 하르따
Orang kaya itu memiliki banyak harta.

안디 브르아다 디 사나 삼빠이 까빤
Andi berada di sana sampai kapan?

사야 이꿋 꿀리아ㅎ 이니 스작 따훈 랄루
Saya ikut kuliah ini sejak tahun lalu.

까빤 사자 바가이마나 깔라우 베속 빠기
Kapan saja, bagaimana kalau besok pagi?

까빤-까빤 사야 마우 끄 뿔라우 제주
Kapan-kapan saya mau ke pulau Jeju.

쁘끄르자안 이뚜 물라이 다리 따훈 랄루 삼빠이 따훈 이니
Pekerjaan itu mulai dari tahun lalu sampai tahun ini.

한국어 뜻을 보고 인도네시아어로 따라 쓰고 빈칸에 알맞은 말을 써 보세요.

지금 몇 시예요?
Sekarang ______?

당신은 염소 몇 마리를 키우고 있나요?
Anda memiliki ______ kambing?

그 부자는 몇 채의 집을 가지고 있나요?
Orang kaya itu punya ______ rumah?

그 부자는 많은 재산을 가지고 있어요.
Orang kaya itu ______ banyak harta.

안디는 거기에 언제까지 있나요?
Andi berada di sana ______?

저는 작년부터 이 강의에 참여했어요.
Saya ikut kuliah ini ______.

언제든지요. 내일 오전은 어때요?
______, bagaimana kalau besok pagi?

언젠가 저는 제주도에 가고 싶어요.
______ saya mau ke pulau Jeju.

그 업무는 작년에 시작해서 올해까지 해요.
Pekerjaan itu mulai dari tahun lalu ______.

실전 회화

Track 24-3

므넬레뽄 유까 할로 유까 바가아마나 디 쁘란찌ㅅ
Andi (Menelepon Yuka.) Halo, Yuka. Bagaimana di Prancis?

할로 안디 쁘만당안 디 빠리ㅅ 상앗 인다ㅎ
Yuka Halo, Andi. Pemandangan di Paris sangat indah.
베속 아깐 브르잘란-잘란 끄 무세움 루브르
Besok akan berjalan-jalan ke museum Louvre.

와 빠스띠 므녀낭깐
Andi Wah, pasti menyenangkan.
깔라우 브기뚜 땅갈 브라빠 까무 끔발리 다리 쁘란찌ㅅ
Kalau begitu, tanggal berapa kamu kembali dari Prancis?

마시ㅎ 두아 밍구 라기
Yuka Masih 2 minggu lagi.

한국어 해석

안디 (유카에게 전화를 건다.) 여보세요, 유카야. 프랑스에서는 어때?

유카 여보세요, 안디야. 파리의 경치는 정말 아름다워.
내일은 루브르 박물관을 구경하러 갈 거야.

안디 와, 분명히 즐거울 거야.
그럼 언제 프랑스에서 돌아와?

유카 아직 2주 더 남았어.

인도네시아 문화 Tip!

인도네시아 사람들은 여러 사람 앞에서 질책당하는 것 자체를 모욕으로 생각합니다. 따라서 작은 충고일지라도 개인적인 공간에서 따로 이야기하는 것이 바람직합니다. 특히, 큰 소리로 고함을 지르는 행위는 반드시 피해야 합니다.

연습 문제

1. 녹음을 듣고 빈칸을 채워 넣어 올바른 문장을 만들어 보세요. Track 24-4

① ______________ kita makan bersama, ya.

② ______________ sekarang?

③ Beliau mulai mengajar ______________?

④ ______________ kita akan bertemu lagi?

2. 다음 빈칸에 알맞은 단어를 넣어 문장을 완성해 보세요.

① Saya akan ______________ ibunya pada jam 1 siang.
저는 낮 1시에 어머니께 전화할 거예요.

② Semua mahasiswa ______________ kelas ini.
모든 대학생들이 이 수업을 등록했어요.

③ Acara kemarin ______________.
어제 행사는 즐거웠어요.

④ Dia sudah ______________ sejak lahir.
그는 태어날 때부터 부유했어요.

정답

1. ① Kapan-kapan ② Jam berapa ③ sejak kapan ④ Tanggal berapa
2. ① menelepon ② mendaftar ③ menyenangkan ④ kaya

25과

Kalau hari Rabu depan, saya ada kuliah.

다음 주 수요일이면 저는 수업이 있어요.

학습 목표

- 요일을 나타내는 표현을 배워봅니다.
- 월(月), 개월을 나타내는 표현을 배워봅니다.

새 단어

발음에 유의하며 다음 단어를 듣고 따라 말해 보세요. Track 25-1

인도네시아어	독음	뜻
taman hiburan	따만 히부란	놀이동산
semester	스메스뜨ㄹ	학기
pacar	빠짜ㄹ	애인
setiap	스띠압	매, 각
ruang	루앙	실, 홀, 넓은 방
minggu	밍구	주, 일주일
pameran	빠메란	전시회
kali ini	깔리 이니	이번
mengajak	믕아작	함께하기를 청하다
pertunjukan	쁘르뚠주깐	공연
wayang	와양	와양(인니 전통 그림자 연극)
harus	하루ㅅ	꼭, ~해야 한다
kantor cabang	깐또ㄹ 짜방	지사

1. 요일을 나타내는 표현

hari + 요일

Senin	Selasa	Rabu	Kamis	Jumat	Sabtu	Minggu
월요일	화요일	수요일	목요일	금요일	토요일	일요일

① 요일 묻고 답하기

'hari(요일)' 뒤에 '무엇'이라는 뜻의 의문대명사인 apa를 써서 요일을 물을 수 있습니다. 대답할 때는 apa 자리에 각 요일명을 넣어서 말하면 됩니다. 참고로 요일을 나타내는 단어의 첫 글자는 대문자로 표기합니다.

A **Hari ini hari apa?** 오늘은 무슨 요일이에요?
B **Hari ini hari Senin.** 오늘은 월요일이에요.

② 요일로 기간 나타내기

요일을 기준으로 기간을 나타낼 때는 'dari A sampai B' 또는 'sejak A hingga B'로 써서 '~요일부터 ~요일까지'라는 뜻을 나타낼 수 있습니다.

- **Mahasiswa ikut kelas dari hari apa sampai hari apa?**
  대학생은 무슨 요일부터 무슨 요일까지 수업에 참여하나요?
- **Keluarga saya sedang berlibur di taman hiburan sejak hari Rabu hingga hari Sabtu.**
  저희 가족은 수요일부터 토요일까지 놀이동산에서 휴가를 보내요.

2. 월(月), 개월을 나타내는 표현

bulan + 월

Januari 1월	Februari 2월	Maret 3월	April 4월	Mei 5월	Juni 6월
Juli 7월	Agustus 8월	September 9월	Oktober 10월	November 11월	Desember 12월

① 월(月) 묻고 답하기

월은 숫자로 나타내지 않고 고유의 표현이 있으며 단어의 첫 글자는 대문자로 표기합니다. 질문할 때는 bulan(월) 뒤에 'apa(무엇)'를 써서 물을 수 있습니다.

A Semester ini mulai bulan apa? 이번 학기는 몇 월에 시작하나요?
B Semester ini mulai pada bulan September. 이번 학기는 9월에 시작합니다.

② 과거/현재/미래 + 월(月) 표현하기

bulan 뒤에 lalu(지난), ini(이번), depan(다음)을 붙여 지난달, 이번 달, 다음 달을 나타낼 수 있습니다.

- **Bulan lalu bulan September.** 지난달은 9월이었어요.
- **Kami belum bertemu bulan ini.** 저희는 이번 달에 만나지 않았어요.
- **Bulan depan saya akan ke Bali dengan pacar.**
  저는 다음 달에 애인과 발리에 가요.

③ 더 먼 과거/미래의 개월 표현하기

두 달 이상 이전이거나 이후일 때는 bulan(개월) 뒤에 lalu(이전), lagi(이후)를 붙여 ~개월 전, 후를 나타낼 수 있습니다. 이는 개월을 포함한 모든 시간 관련 표현에도 쓸 수 있습니다.

- **3 bulan lalu kita sudah pindah ke Jakarta.**
  3개월 전에 우리는 자카르타로 이사했어요.
- **Perusahaan kami masuk ke pasar Jepang 6 bulan lagi.**
  우리 회사는 6개월 뒤 일본 시장에 진출합니다.

필수 패턴

다음 문장을 세 번씩 따라 읽어 보세요.  

하리 이니 하리 스닌
Hari ini hari Senin?

부깐 하리 이니 하리 슬라사
Bukan, hari ini hari Selasa.

스띠압 하리 줌앗 아다 라빳 디 루앙 라빳
Setiap hari Jumat, ada rapat di ruang rapat.

까무 쁘르기 끄 마나 사자 하리 밍구 랄루
Kamu pergi ke mana saja hari Minggu lalu?

사야 쁘르기 끄 빠메란 등안 빠짜ㄹ 사야
Saya pergi ke pameran dengan pacar saya.

불란 드빤 불란 아빠
Bulan depan bulan apa?

불란 아빠 하리 추석 따훈 이니
Bulan apa Hari Chuseok tahun ini?

사야 라히ㄹ 빠다 불란 아쁘릴
Saya lahir pada bulan April.

스메스뜨ㄹ 이니 아깐 슬르사이 불란 드빤
Semester ini akan selesai bulan depan.

한국어 뜻을 보고 인도네시아어로 따라 쓰고 빈칸에 알맞은 말을 써 보세요.

오늘이 월요일인가요?
Hari ini ________?

아뇨, 오늘은 화요일이에요.
Bukan, hari ini ________.

매주 금요일마다 회의실에서 회의가 있어요.
________, ada rapat di ruang rapat.

지난주 일요일에 어디에 갔나요?
Kamu pergi ke mana saja ________?

저는 제 애인과 전시회에 갔어요.
Saya pergi ke pameran dengan ________ saya.

다음 달은 몇 월이에요?
Bulan depan ________?

올해는 추석이 몇 월이죠?
Bulan apa ________ tahun ini?

저는 4월에 태어났어요.
Saya lahir pada bulan ________.

이번 학기는 다음 달에 끝나요.
Semester ini akan selesai ________.

실전 회화

Track 25-3

Nate Pesta minggu lalu sangat menyenangkan.
(뻬스따 밍구 랄루 상앗 므녀낭깐)

Lina Saya juga. Kali ini saya mau mengajak kamu pertunjukan wayang. Apakah bisa hari Rabu depan?
(사야 주가 깔리 이니 사야 마우 믕아작 까무 쁘르뚠주깐 와양 아빠까 비사 하리 라부 드빤)

Nate Kalau hari Rabu depan saya ada kuliah.
(깔라우 하리 라부 드빤 사야 아다 꿀리아ㅎ)
Bagaimana hari Kamis atau Jumat?
(바가이마나 하리 까미ㅅ 아따우 줌앗)

Lina Hari Jumat bisa. Oh maaf, nanti kita berbicara lagi, ya.
(하리 줌앗 비사 오 마아ㅍ 난띠 끼따 브르비짜라 라기 야)

한국어 해석

네이트 지난주 축제는 정말 즐거웠어.

리나 나도. 이번엔 내가 와양 공연에 너를 초대하고 싶어.
다음 주 수요일에 가능해?

네이트 다음 주 수요일이면 나는 수업이 있어.
목요일이나 금요일은 어때?

리나 금요일에 가능해. 아, 미안. 우리 나중에 다시 이야기하자.

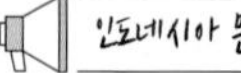

인도네시아 문화 Tip!

우리는 '강아지상' 혹은 '고양이상' 등 사람의 외모를 귀여운 동물에 빗대어 표현하곤 하지만, 인도네시아에서 사람을 동물에 비유하는 것은 큰 실례가 될 수 있습니다. 타인의 외모를 평가하는 행위 자체가 불쾌감을 줄 수 있으니 삼가야 합니다.

1. 녹음을 듣고 빈칸을 채워 넣어 올바른 문장을 만들어 보세요. Track 25-4

① Bulan ini ________________?

② Apakah ________________ hari Selasa?

③ Hari Senin depan saya harus ________________.

④ Saya ________________ sekarang.

2. 다음 빈칸에 과거(lalu), 현재(ini), 미래(depan/lagi) 표현 중 알맞은 표현을 넣어 문장을 완성해 보세요.

① Teman saya mengajak saya pada ________________.
제 친구는 다음 주에 저를 초대했어요.

② ________________ dia berlibur ke Makassar.
다음 달에 그는 마카사르로 휴가를 가요.

③ Kami sudah membangun kantor cabang ________________.
우리는 6개월 전에 지사를 건설했습니다.

④ Dia pasti mengirim e-mail pada ________________.
그는 분명히 이번 화요일에 메일을 보낼 거예요.

정답

1. ① bulan apa ② besok ③ ikut kuliah ④ harus pergi
2. ① minggu depan ② Bulan depan ③ 6 bulan lalu ④ hari Selasa ini

UTS mulai tanggal berapa?

중간고사는 며칠에 시작하나요?

학습 목표

- 구체적인 시점 표현을 배워봅니다.
- 소요 기간을 나타내는 표현을 배워봅니다.

새 단어

발음에 유의하며 다음 단어를 듣고 따라 말해 보세요.

Track 26-1

인도네시아어	독음	뜻
UTS(ujian tengah semester)	우떼에ㅅ	중간고사
sebentar	스븐따ㄹ	잠시
besok lusa	베속 루사	모레
kemerdekaan	끄므르데까안	광복, 독립
yaitu	야이뚜	즉, 다시 말해
memakan waktu	므마깐 왁뚜	시간이 소요되다
selama	슬라마	~동안
merindukan	므린두깐	그리워하다
apotek	아뽀떽	약국
tutup	뚜뚭	닫다
merantau	므란따우	해외로 떠나다
merasa	므라사	느끼다
seperti	스쁘르띠	~처럼

핵심 문법

1. 구체적인 시점 표현

시간, 시기 표현	N menit lalu N분 전 N jam lalu N시간 전	tadi 아까	sekarang 지금	sebentar lagi 잠시 후	nanti 나중에
일 표현	N hari lalu N일 전	kemarin 어제	hari ini 오늘	besok 내일	(besok) lusa 모레 N hari lagi N일 후

① 이전/이후의 시간 표현하기

시간 표현과 함께 쓰일 때 뒤에 lalu와 lagi를 놓아 이전 시간, 이후 시간을 표현할 수 있습니다.

- **Bus itu sudah pergi 5 menit lalu.** 그 버스는 5분 전에 갔어요.
- **Pesawat kami berangkat 30 menit lagi.** 우리 비행기는 30분 뒤에 출발해요.

② hari와 tanggal의 차이

hari와 tanggal은 모두 '일', '날'이라는 뜻입니다. 다만 hari가 공휴일, 기념일, 요일, 소요된 일수 등을 나타낼 때 다양하게 쓰이는 반면, tanggal은 날짜를 나타낼 때만 쓸 수 있으므로 구분해서 사용해야 합니다.

- **Hari kemerdekaan Indonesia adalah tanggal 17 Agustus.**
  인도네시아의 광복절은 8월 17일입니다.
- **Hari ulang tahun aku 4 hari lagi, yaitu tanggal 20.**
  내 생일은 4일 뒤, 즉 20일이야.

2. 소요 기간을 나타내는 표현

(과거부터 현재까지) ~동안	sudah + 기간
(과거 기간) ~동안	selama + 기간

① sudah로 기간 표현하기

과거부터 현재까지 이어져 오는 기간을 나타낼 때 sudah를 사용합니다. 질문할 때는 berapa를 붙여 의문문을 만들 수 있습니다.

- **Makan malam memakan waktu sudah 3 jam.**
  저녁을 먹는 데 벌써 세 시간이 걸렸어요.
- **Lina kenal Shinta sudah berapa lama?**
  리나가 신따를 알게 된 지 얼마나 되었죠?

② selama로 기간 표현하기

과거에 해당하는 기간을 말할 때는 selama를 사용합니다. selama 뒤에는 단순히 기간을 명시하기보다 경험한 기간에 대한 내용이 오는 것이 자연스럽습니다. 질문할 때는 berapa를 붙여 의문문을 만들 수 있습니다.

- **Kami belajar dengan rajin untuk UTS selama 3 minggu.**
  우리는 중간고사를 위해서 3주 동안 열심히 공부했어요.
- **Anda tinggal di luar negeri selama berapa bulan?**
  당신은 외국에서 몇 달 동안 지냈나요?

필수 패턴

다음 문장을 세 번씩 따라 읽어 보세요.

브라빠 잠 아낙-아낙 브르마인 디 루아ㄹ
Berapa jam anak-anak bermain di luar?

므레까 브르마인 디 루아ㄹ 수다ㅎ 띠가 잠
Mereka bermain di luar sudah 3 jam.

수다ㅎ 브라빠 따훈 안디 끄날 유까
Sudah berapa tahun Andi kenal Yuka?

수다ㅎ 라마 안디 므린두깐 유까
Sudah lama Andi merindukan Yuka.

슬라마 리부란 끼따 브르위사따 끄 족자까르따
Selama liburan, kita berwisata ke Yogyakarta.

아뽀떽 이뚜 뭉낀 뚜뚭 슬라마 두아 밍구
Apotek itu mungkin tutup selama 2 minggu.

따훈 바루 아깐 다땅 두아 하리 라기
Tahun baru akan datang 2 hari lagi.

므레까 므란따우 끄 아메리까 수다ㅎ 스뿔루ㅎ 따훈
Mereka merantau ke Amerika sudah 10 tahun.

디스꾸시냐 브르잘란 수다ㅎ 두아 잠
Diskusinya berjalan sudah 2 jam.

한국어 뜻을 보고 인도네시아어로 따라 쓰고 빈칸에 알맞은 말을 써 보세요.

아이들은 밖에서 몇 시간을 놀았나요?

_______ anak-anak bermain di luar?

그들은 밖에서 벌써 3시간을 놀았어요.

Mereka bermain di luar _______.

안디가 유카를 안 지 몇 년이 되었나요?

Sudah _______ Andi kenal Yuka?

안디가 유카를 그리워한 지 오래 되었어요.

Sudah lama Andi _______.

휴가 동안 우리는 족자카르타로 여행을 갔어요.

_______ liburan, kita berwisata ke Yogyakarta.

그 약국은 아마 2주 동안 닫을 거예요.

_______ itu mungkin tutup selama 2 minggu.

새해는 2일 뒤에 와요.

Tahun baru akan datang 2 hari _______.

그들이 미국으로 떠난 지 벌써 10년이 되었어요.

Mereka _______ ke Amerika sudah 10 tahun.

그 토론은 이미 2시간째 계속되고 있어요.

Diskusinya _______ sudah 2 jam.

실전 회화

Track 26-3

Nate UTS mulai tanggal berapa, ya?
우떼에ㅅ 물라이 땅갈 브라빠 야

Lina Ujian mulai pada tanggal 12. Sudah minggu depan.
우지안 물라이 빠다 땅갈 두아블라ㅅ 수다ㅎ 밍구 드빤

Nate Kamu sudah belajar kelas menulis?
까무 수다ㅎ 블라자ㄹ 끌라ㅅ 므눌리ㅅ

Saya sudah belajar 3 hari, tapi masih merasa susah.
사야 수다ㅎ 블라자ㄹ 띠가 하리 따삐 마시ㅎ 므라사 수사ㅎ

Lina Saya juga sama seperti kamu.
사야 주가 사마 스쁘르띠 까무

Kelas tata bahasa juga memakan waktu lama untuk belajar.
끌라ㅅ 따따 바하사 주가 므마깐 왁뚜 라마 운뚝 블라자ㄹ

한국어 해석

네이트 중간고사 시작이 며칠이지?

리나 시험은 12일에 시작해. 벌써 다음 주야.

네이트 너 쓰기 수업 공부는 했어?
나는 3일간 공부했는데도 아직 어렵게 느껴져.

리나 나도 너와 같아.(나도 너처럼 어렵게 느껴져.)
문법 수업도 공부하는 데 시간이 오래 걸리더라.

인도네시아 문화 Tip!

인도네시아에서는 이민국을 포함한 모든 공공기관에 출입할 때 민소매나 짧은 바지 차림으로는 출입이 불가능할 수도 있으므로 공공기관에 방문할 때 가급적 긴소매와 긴 바지를 입는 것이 좋습니다.

연습 문제

1. 녹음을 듣고 빈칸을 채워 넣어 올바른 문장을 만들어 보세요. Track 26-4

① ________________ Anda bekerja dinas?

② ________________ kalian berkunjung ke museum?

③ Berapa hari mereka ikut ________________________.

④ ________________________ adikmu merantau di negeri itu?

2. 다음 빈칸에 알맞은 단어를 넣어 문장을 완성해 보세요.

① Kelas hari ini tata bahasa ________________ kemarin.
어제처럼 오늘의 수업도 문법이에요.

② Kami ________________ senang karena UTS sudah selesai.
중간고사가 끝나서 우리는 행복함을 느껴요.

③ Saya tinggal di Indonesia ________________ 2 tahun waktu saya kecil.
저는 어릴 때 2년 동안 인도네시아에서 살았습니다.

④ Saya tahu nama dia, tetapi belum ________________.
저는 그의 이름은 알지만 아직 친분은 없어요.

정답

1. ① Berapa hari ② Jam berapa ③ kelas berbicara ④ Sudah berapa tahun
2. ① seperti ② merasa ③ selama ④ kenalnya

Jadwal pertemuan kita berapa minggu lagi?

우리 회의 일정은 몇 주 뒤인가요?

학습 목표

- 의문사 berapa의 개념을 정리해 봅시다.
- berapa의문문의 시점 및 기간 표현을 정리해 봅니다.

새 단어

발음에 유의하며 다음 단어를 듣고 따라 말해 보세요. Track 27-1

인도네시아어	독음	뜻
jadwal	잗왈	일정
pertemuan	쁘르뜨무안	회의, 만남
lantai	란따이	층, 바닥
level	레블	단계, 수준
halaman	할라만	쪽, 페이지, 마당
situasi darurat	시뚜아시 다루랏	비상 상황
gedung	그둥	건물
novel	노벨	소설
partisipasi	빠르띠시빠시	참석, 참가
menyiapkan	므늬압깐	준비하다
secara	스짜라	~한 방식으로
berat	브랏	무게, 무겁다
berat badan	브랏 바단	몸무게

1. 의문사 berapa의 개념 정리

점 개념(부분)		선 개념(전체)	
lantai(층)	+ berapa	berapa +	lantai
level(단계)			level
halaman(쪽)			halaman
…			…

의문사 berapa는 '얼마', '몇'이라는 의미로, 쓰이는 위치에 따라 의미가 달라집니다. 점(부분), 선(전체) 개념으로 이해하고 이에 따른 berapa의 위치 차이를 구분해 두면 쉽습니다.

① berapa의 점 개념

점은 선을 구성하는 가장 기본 단위로 전체 중의 한 부분을 나타냅니다. 이때 berapa는 명사 뒤에 위치합니다.

- **Situasi darurat level berapa sekarang?**
  비상 상황이 현재 몇 단계인가요? (총 단계 중 한 단계)
- **Hari ini kita belajar dari halaman berapa?**
  오늘 몇 쪽부터 배우나요? (총 페이지 중 한 페이지)

② berapa의 선 개념

선은 점이 연속되어 이루어진 것으로 전체의 개념을 나타냅니다. 이때 berapa는 명사 앞에 위치합니다.

- **Gedung itu berapa lantai?**
  저 건물은 몇 층이야? (건물 전체의 층수)
- **Buku novel itu berapa halaman?**
  그 소설책은 몇 페이지인가요? (소설책 전체의 페이지)

2. berapa 의문문의 시점 및 기간 표현

특정 시점 묻기			소요 기간 묻기		
jam	+ berapa	몇 시	berapa +	jam	몇 시간
tanggal		며칠		hari	몇 일간
tahun		몇 년도		bulan	몇 달간
bulan + apa		몇 월		tahun	몇 년간

① 특정 시점와 소요 기간

위의 표처럼 특정 시각, 날짜, 연도를 물을 때와 소요 시간, 일자, 햇수를 물을 때는 berapa의 위치가 서로 다릅니다. 앞서 설명한 점과 선 개념을 파악하면 이를 구분하기 쉽습니다.

- **Hari ini tanggal berapa?** 오늘 며칠이에요?(특정 시점)
- **Kamu lahir tahun berapa?** 당신은 몇 년도에 태어났나요?(특정 시점)
- **Berapa hari kamu di sini?** 당신은 여기에 며칠간 있었나요?(소요 기간)
- **Sudah berapa tahun dia ikut kelas ini?**
  그가 이 수업을 들은 지 몇 년이 되었나요?(소요 기간)

② 특정 월과 소요 개월

인도네시아어의 개월명은 숫자로 나타내지 않고 각각의 명사가 있으므로 berapa가 아닌 apa를 써서 질문하고, 소요되는 개월 수를 물을 때만 berapa를 씁니다.

- **Bulan ini bulan apa?** 이번 달이 몇 월이죠?
- **Berapa bulan Anda tinggal di sini?** 당신은 여기 몇 달간 살았나요?

필수 패턴

다음 문장을 세 번씩 따라 읽어 보세요. 

따훈 브라빠 아깐 아다 쁘르뜨무안 아세안
Tahun berapa akan ada pertemuan ASEAN?

뭉낀 따훈 드빤 야이뚜 따훈 두아 리부 띠가 뿔루ㅎ
Mungkin tahun depan, yaitu tahun 2030.

하리 삽뚜 이니 땅갈 뚜주ㅎ 블라스
Hari Sabtu ini tanggal 17?

브라빠 불란 까무 믐바짜 부꾸 노벨 이니
Berapa bulan kamu membaca buku novel ini?

그둥 양 바루 이뚜 들라빤 뿔루ㅎ 란따이
Gedung yang baru itu 80 lantai.

띠가 뿔루ㅎ안 오랑 스당 믕안뜨리 디 드빤 또꼬 이뚜
30-an orang sedang mengantri di depan toko itu.

시뚜아시 다루랏 디 느가라 이뚜 수다ㅎ 레블 브라빠
Situasi darurat di negara itu sudah level berapa?

시뚜아시 다루랏 디 느가라 이뚜 수다ㅎ 레블 띠가
Situasi darurat di negara itu sudah level 3.

쁘로그람 끌라ㅅ 바하사 인도네시아 므밀리끼 리마 레블
Program kelas bahasa Indonesia memiliki 5 level.

한국어 뜻을 보고 인도네시아어로 따라 쓰고 빈칸에 알맞은 말을 써 보세요.

몇 년도에 아세안 회의가 있을 예정인가요?

_______ akan ada pertemuaan ASEAN?

아마도 내년, 즉 2030년일 거예요.

Mungkin tahun depan, _______.

이번 토요일은 17일인가요?

Hari Sabtu ini _______?

당신은 그 소설을 읽는 데 몇 달이 걸렸나요?

_______ kamu membaca buku novel ini?

저 새 건물은 80층이에요.

Gedung yang baru itu _______.

30명 정도의 사람들이 그 가게 앞에 줄 서 있어요.

_______ sedang mengantri di depan toko itu.

그 나라의 비상 상황이 현재 몇 단계인가요?

Situasi darurat di negara itu sudah _______?

그 나라의 비상 상황은 이미 3단계예요.

Situasi darurat di negara itu _______.

인도네시아어 수업 과정은 5단계가 있어요.

Program kelas bahasa Indonesia _______.

실전 회화

Track 27-3

바가이마나 시뚜아시 다루랏 느가라 이뚜
Atasan Bagaimana situasi darurat negara itu?

마시ㅎ 레블 띠가 자디 끼따 띠닥 비사 브끄르자 디나ㅅ 끄 느가라 이뚜
Andi Masih level 3, jadi kita tidak bisa bekerja dinas ke negara itu.

잗왈 쁘르뜨무안 끼따 브라빠 밍구 라기
Atasan Jadwal pertemuan kita berapa minggu lagi?

마시ㅎ 두아 밍구 라기
Andi Masih 2 minggu lagi.

마시ㅎ 아다 왁뚜냐 빠르띠시빠시 쁘르뜨무한 하냐 리마 오랑
깐 끼따 비사 므늬압깐냐 스짜라 다링 사자
Atasan Masih ada waktunya. Partisipasi pertemuan hanya 5 orang, kan? Kita bisa menyiapkannya secara daring saja.

한국어 해석

상사 그 나라의 비상 상황은 어떤가요?

안디 아직 3단계라서, 저희는 그 나라로 출장을 갈 수 없어요.

상사 우리 회의 일정이 몇 주 뒤였죠?

안디 아직 2주 뒤입니다.

상사 아직 시간이 있군요. 회의 참석자는 5명이 전부잖아요?
우리 그냥 온라인으로 회의를 준비하면 되겠네요.

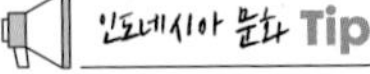

인도네시아는 세계 5위의 커피 생산국입니다. 각 섬의 커피가 모두 유명하지만 특히 발리 지역의 사향고양이 커피(루왁 커피)가 매우 유명합니다. 인도네시아산 원두는 대체로 깊은 향과 산미가 있는 편입니다.

연습 문제

1. 녹음을 듣고 빈칸을 채워 넣어 올바른 문장을 만들어 보세요. Track 27-4

① Kami bisa mendaftar kelas itu ____________________?

② ____________________ kita belajar program ini?

③ Rumahmu ____________________?

④ ____________________ saya 70kg.

2. 시점과 기간을 구분하여 다음 빈칸에 알맞은 의문사를 넣어 문장을 완성해 보세요.

① ____________________ ujian tata bahasa Indonesia?
인도네시아어 문법 시험은 며칠이에요?

② ____________________ UAS berjalan?
중간고사는 며칠간 진행되나요?

③ ____________________ ibu menunggu di depan pintu?
어머니께서 이미 얼마나 오래 밖에서 기다리셨나요?

④ ____________________ mereka akan bertemu lagi?
그들은 몇 월에 다시 만나기로 했죠?

정답

1. ① tanggal berapa ② Berapa bulan ③ lantai berapa ④ Berat badan
2. ① Tanggal berapa ② Berapa hari ③ Berapa lama ④ Bulan apa

Kenapa pertemuannya mau berjalan dengan daring?

왜 회의를 온라인으로 진행하려고 하나요?

학습 목표

- 의문사 kenapa / mengapa를 배워봅니다.
- 접속사 karena / sebab을 배워봅니다.

새 단어

발음에 유의하며 다음 단어를 듣고 따라 말해 보세요. Track 28-1

인도네시아어	독음	뜻
sendiri	슨디리	혼자
mengambil	믕암빌	가지다, 집어가다
jurusan	주루산	전공
bercuti	브르쭈띠	휴가를 내다
kesiangan	끄시앙안	지각하다, 늦잠을 자다
terlambat	뜨르람밧	늦다, 지연되다
macet	마쩻	막히다, 원활하지 않다
terus	뜨루ㅅ	계속, 곧바로
puasa	뿌아사	금식
usaha	우사하	사업, 노력
kesempatan	끄슴빠딴	기회
kampung	깜뿡	고향, 시골
berhenti kerja	브르흔띠 끄르자	퇴직하다

핵심 문법

1. 의문사 kenapa / mengapa 왜

① 원인을 물을 때

kenapa는 '왜'라는 뜻으로 원인을 물을 때 쓰는 의문사입니다. mengapa도 동일한 의미로 쓸 수 있으나 kenapa가 더 자주 쓰입니다.

- Kenapa **kamu makan sendiri?** 왜 당신은 혼자 먹나요?
- Mengapa **Lina mengambil juruasan itu?** 왜 리나는 그 전공을 선택했나요?

② 유의어 untuk apa

untuk apa도 kenapa나 mengapa와 비슷한 의미로 쓰일 수 있으나, 원인보다 목적에 좀 더 집중하여 묻는 어감이라는 점에서 차이가 있습니다.

- Untuk apa **Anda mau belajar sendiri?**
  무엇 때문에 당신 혼자 공부하려 하나요?
- Untuk apa **kamu ingin bercuti selama 3 hari?**
  무엇 때문에 3일 동안 휴가를 내려고 하나요?

③ 평서문에서 쓰일 때

문장의 의미에 따라 평서문에도 여러 의문사가 쓰일 수 있습니다.

- **Saya tidak tahu** kenapa **dia tidak datang.**
  저는 그가 왜 안 왔는지 모르겠어요.
- **Saya sudah tahu** apa **pendapat kamu.**
  나는 이제 너의 의견이 무엇인지 알겠어.

2. 접속사 karena / sebab 왜냐하면, ~해서

① 이유를 말할 때

karena는 '왜냐하면'이라는 뜻으로 이유를 말할 때 쓰는 접속사입니다. sebab도 동일한 의미로 쓸 수 있으나 karena가 더 자주 쓰입니다.

- **Saya makan sendiri karena tidak ada waktu.**
  저는 시간이 없어서 혼자 밥을 먹어요.
- **Lina mengambil jurusan itu sebab suka bahasa.**
  리나는 언어를 좋아해서 그 전공을 선택했어요.

② 유의어 oleh karena itu / oleh sebab itu

'그래서'라는 뜻인 oleh karena itu와 oleh sebab itu도 karena나 sebab이 단독으로 쓰일 때와 비슷한 의미로 쓰일 수 있으나, 주로 문어체에서 사용하며 문장의 맨 앞에만 위치할 수 있습니다.

- **Mahasiswa itu bangun kesiangan. Oleh karena itu, dia terlambat.**
  그 학생은 늦게 일어났습니다. 그래서 그는 지각했습니다.
- **Jalannya macet terus. Oleh sebab itu, saya tidak bisa ikut kelas.**
  길이 계속 막혔습니다. 그래서 저는 수업에 참여하지 못했습니다.

필수 패턴

다음 문장을 세 번씩 따라 읽어 보세요.

끄나빠 잘란 이니 마쩻 스까랑
Kenapa jalan ini macet sekarang?

까르나 아다 뻬스따 디 사나
Karena ada pesta di sana.

운뚝 아빠 디아 띠닥 마깐 시앙
Untuk apa dia tidak makan siang?

디아 띠닥 마깐 운뚝 이꿋 뿌아사
Dia tidak makan untuk ikut puasa.

운뚝 아빠 블리아우 믐부까 우사하 디 시니
Untuk apa beliau membuka usaha di sini?

운뚝 믄짜리 끄슴빠딴 양 바구ㅅ
Untuk mencari kesempatan yang bagus.

끄나빠 까무 므넬레뽄 끄마린
Kenapa kamu menelepon kemarin?

끄나빠 까무 띠닥 뿔랑 끄 깜뿡
Kenapa kamu tidak pulang ke kampung?

까르나 스븐따ㄹ 라기 아다 우지안
Karena sebentar lagi ada ujian.

한국어 뜻을 보고 인도네시아어로 따라 쓰고 빈칸에 알맞은 말을 써 보세요.

지금 이 길은 왜 막히나요?

______ jalan ini macet sekarang?

저기서 축제가 있기 때문이에요.

______ ada pesta di sana.

무엇 때문에 그녀는 점심을 안 먹나요?

______ dia tidak makan siang?

그녀는 금식에 참여하기 위해 먹지 않아요.

Dia tidak makan ______ ikut puasa.

무엇 때문에 그분은 여기에서 사업을 열었나요?

Untuk apa beliau ______ di sini?

좋은 기회를 찾으려고요.

______ kesempatan yang bagus.

당신은 왜 어제 전화했나요?

Kenapa kamu menelepon ______?

당신은 왜 고향으로 돌아가지 않나요?

Kenapa kamu ______ ke kampung?

왜냐하면 얼마 뒤에 시험이 있거든요.

Karena sebentar lagi ______.

실전 회화

Track 28-3

Rekan
끄나빠 쁘르뜨무안냐 마우 브르잘란 등안 다링
Kenapa pertemuannya mau berjalan dengan daring?

Andi
까르나 시뚜아시 다루랏 디 사나 마시ㅎ 레블 띠가
Karena situasi darurat di sana masih level 3.
보쓰냐 주가 잉인 므늬압깐냐 스짜라 다링
Bosnya juga ingin menyiapkannya secara daring.

Rekan
오 야 따삐 인뜨르넷 디 사나 수까 마쩻 깐
Oh, ya? Tapi internet di sana suka macet, kan?

Andi
마까냐 사야 주가 잉인 따후 아빠까ㅎ 므레까 비사 이꿋
Makanya, saya juga ingin tahu apakah mereka bisa ikut
등안 온라인 사야 아깐 믕이림 이메일 둘루
dengan online. Saya akan mengirim e-mail dulu.

한국어 해석

동료 왜 회의를 온라인으로 진행하려고 하나요?

안디 그쪽이 아직 비상 상황 3단계라서요.
팀장님도 온라인으로 준비하시길 원하시고요.

동료 아, 그래요? 하지만 거기는 인터넷이 잘 막히잖아요?

안디 그러니까요. 저도 그들이 온라인으로 참석할 수 있을지 알고 싶어요.
제가 우선 이메일을 보내 볼게요.

인도네시아 문화 Tip!

인도네시아 군도는 '불의 고리'라고 불리는 환태평양 조산대에 위치해 있어 지진과 화산 활동이 잦은 편입니다. 보르네오섬에 위치한 깔리만딴 지역만이 유일하게 자연재해의 발생 빈도가 낮은 지역에 속합니다.

연습 문제

1. 녹음을 듣고 빈칸을 채워 넣어 올바른 문장을 만들어 보세요. Track 28-4

① Saya tidak tahu ______________ dia tidak masuk kerja.

② ______________ kamu mengambil jurusan itu?

③ Kenapa kamu makan ______________?

④ Mengapa adikmu ingin ______________ guru?

2. 다음 중 올바른 문장에는 ○표시를, 틀린 문장에는 X표시를 하세요.

① Karyawan itu ingin pulang ke kampuang. Oleh sebab itu, dia berhenti kerja. ( )
그 직원은 고향으로 돌아가고 싶었어요. 그래서 그는 일을 그만뒀어요.

② Dia belajar dengan rajin karena mau menerima beasiswa. ( )
그는 장학금을 받고 싶어서 열심히 공부해요.

③ Kami berjalan kaki saja oleh karena itu semua jalan macet hari ini. ( )
오늘은 모든 길이 막혀서 우리는 그냥 걸어가요.

④ Saya bangun kesiangan karena saya tidur jam 2 pagi. ( )
저는 새벽 2시에 자서 늦잠을 잤어요.

정답

1. ① kenapa ② Mengapa ③ sendiri ④ menjadi
2. ① O ② O ③ X (Semua jalan macet hari ini. Oleh karena itu, kami berjalan kaki saja.) ④ O

Mau tidak mau rapat harus berjalan secara daring.

원하든 원하지 않든 회의는 온라인으로 진행해야 해요.

학습 목표

- 조동사 mau / ingin을 배워봅니다.
- 조동사 mau / ingin이 쓰인 부정문을 배워봅니다.

새 단어

발음에 유의하며 다음 단어를 듣고 따라 말해 보세요.

Track 29-1

인도네시아어	독음	뜻
suatu hari nanti	수아뚜 하리 난띠	언젠가
memasak	므마삭	요리하다
barang	바랑	물건
hal	할	문제, 일, 건
rumah sakit	루마 사낏	병원
gaji	가지	급여
jadi	자디	그래서
jaringan	자링안	연결망, 그물
lancar	란짜ㄹ	원활하다, 유창하다
mari	마리	자, ~합시다
melaporkan	믈라뽀르깐	~에 대해 보고하다
menanyakan	므나냐깐	~에 대해 질문하다
beberapa	브브라빠	몇몇
menikah	므니까ㅎ	결혼하다
makanan	마까난	음식

1. 조동사 mau / ingin

~하기를 원하다	
mau	ingin
주로 비격식체로 씀	주로 격식체로 씀
실제로 행동을 취하려는 뉘앙스를 내포	단순 희망
문장에서 단독 사용 가능	문장에서 동사와 함께 쓰임

① 원하는 것을 말할 때

조동사 mau와 ingin은 모두 '~하기를 원하다'라는 의미를 가지고 있습니다. mau는 비격식체, ingin은 격식체에서 주로 쓰입니다.

- **Saya mau ke pulau Sumbawa suatu hari nanti.**
  저는 언젠가 숨바와섬에 가보고 싶어요.
- **Saya ingin tahu bagaimana belajar bahasa dengan cepat.**
  저는 어떻게 언어를 빠르게 배우는지 알고 싶습니다.

② mau와 ingin의 차이

비격식체와 격식체에서의 쓰임 차이 외에도, ingin이 단순 희망을 나타내는 반면 mau는 어떤 행동을 행할 예정이라는 뉘앙스도 내포하고 있습니다. 또한 mau는 단독으로 쓰일 수 있는 반면, ingin은 반드시 동사와 함께 쓰여야 합니다.

A **Kamu mau berjalan-jalan?** 너는 산책 갈 거니?
B **Mau, saya mau berjalan-jalan.** 가고 싶어. 나 산책 갈 거야.

A **Anda ingin makan mi goreng?** 당신은 미고랭을 먹고 싶나요?
B **Ya, saya ingin makan.** 네, 저는 (미고랭) 먹고 싶어요.

2. mau / ingin이 쓰인 부정문

부정부사 위치에 따른 의미 차이	
조동사 부정	동사 부정
~하기를 원하지 않다	~하지 않기를 원하다
tidak + mau / ingin + 동사	mau / ingin + 동사 + tidak

① 조동사를 부정할 때

'~하기를 원하지 않다'라고 말할 때는 조동사 mau나 ingin 앞에 부정부사 tidak을 넣어 표현합니다.

- **Ibu tidak mau memasak hari ini.** 어머니는 오늘 요리를 하고 싶지 않으세요.
- **Temanku tidak ingin membeli barang itu.**
  제 친구는 그 물건을 사고 싶어 하지 않습니다.

② 동사를 부정할 때

동사 앞에 tidak을 넣으면 '~하지 않기를 원하다'라는 의미로, 조동사를 부정하는 것이 아닌 해당 동사를 부정하는 의미가 됩니다. 따라서 정확한 문장 해석을 위해서는 부정부사의 위치를 잘 파악해야 합니다.

- **Saya mau tidak ada meja di sini.** 저는 여기에 책상이 없는 걸 원해요.
- **Saya ingin tidak melaporkan hal ini.** 저는 이 문제를 보고하지 않길 원합니다.

③ '원하든 하지 않든' 표현하기

mau tidak mau로 '원하든 원하지 않든', 즉 '어쨌든'이라는 표현을 나타낼 수 있습니다.

- **Mau tidak mau saya harus ikut ujian itu.**
  원하든 원하지 않든 저는 반드시 그 시험을 쳐야 합니다.
- **Mau tidak mau dia harus ke rumah sakit sekarang.**
  어쨌든 그는 지금 병원에 가야 해요.

필수 패턴

다음 문장을 세 번씩 따라 읽어 보세요.  Track 29-2

사야 마우 므논똔 쁘르뚠주깐 와양
Saya mau menonton pertunjukan wayang.

유까 마우 므느리마 가지 양 띵기
Yuka mau menerima gaji yang tinggi.

까미 잉인 믄짜리 인포르마시 양 뜨빳
Kami ingin mencari informasi yang tepat.

디아 잉인 므니까ㅎ 따훈 드빤
Dia ingin menikah tahun depan.

마우 띠닥 마우 디아 하루ㅅ 쁘르기
Mau tidak mau dia harus pergi.

이부 띠닥 마우 쁘르기 끄 마나-마나
Ibu tidak mau pergi ke mana-mana.

므레까 띠닥 마우 브르비짜라 삼빠이 스까랑
Mereka tidak mau berbicara sampai sekarang.

블리아우 띠닥 잉인 이꿋 브르디스꾸시
Beliau tidak ingin ikut berdiskusi.

안다 띠닥 마우 나익 모빌
Anda tidak mau naik mobil?

한국어 뜻을 보고 인도네시아어로 따라 쓰고 빈칸에 알맞은 말을 써 보세요.

저는 와양 공연을 보고 싶어요.

Saya ________ menonton pertunjukan wayang.

유카는 높은 월급을 받고 싶어 해요.

Yuka ________ gaji yang tinggi.

우리는 정확한 정보를 찾고 싶습니다.

Kami ________ informasi yang tepat.

그는 내년에 결혼하고 싶어 합니다.

Dia ________ tahun depan.

원하든 원하지 않든 그는 가야 해요.

________ dia harus pergi.

어머니는 아무 데도 가기 싫어하세요.

Ibu ________ ke mana-mana.

그들은 지금까지도 말하고 싶어 하지 않아요.

Mereka tidak mau berbicara ________.

그분은 토론에 참여하고 싶어 하시지 않습니다.

Beliau ________ berdiskusi.

당신은 차를 타고 싶지 않나요?

Anda ________ mobil?

실전 회화

Track 29-3

아빠까ㅎ 므레까 수다ㅎ 믄자왑 이메일 까무
Rekan Apakah mereka sudah menjawab e-mail kamu?

야 므레까 주가 믄자왑 마우 띠닥 마우 하루ㅅ 브기뚜
Andi Ya, mereka juga menjawab mau tidak mau harus begitu.
자디 므레까 아깐 므늬압깐 자링안 인뜨르넷 양 란짜ㄹ
Jadi, mereka akan menyiapkan jaringan internet yang lancar.

바익 깔라우 브기뚜 마리 끼다 라뽀르깐 끄빠다 보ㅅ
Rekan Baik. Kalau begitu, mari kita laporkan kepada bos.
난띠 잠 두아 시앙 끼따 아깐 아다 라빳 등안 바빡 깐
Nanti jam 2 siang kita akan ada rapat dengan bapak, kan?

브나ㄹ 난띠 사야 마우 므나냐깐 브브라빠 할 운뚝 므늬압깐냐
Andi Benar. Nanti saya mau menanyakan beberapa hal untuk menyiapkannya.

한국어 해석

동료 그들이 안디 씨가 보낸 이메일에 회신하셨나요?

안디 네, 그들도 원하든 원하지 않든 온라인으로 회의를 진행해야 한다고 답했어요.
그래서 원활한 인터넷 연결선을 준비할 거라고 해요.

동료 좋아요. 자, 그럼 우리 팀장님께 보고합시다.
이따 오후 2시에 우리 팀장님과 미팅이 있지 않아요?

안디 맞아요. 준비를 위한 몇몇 사항에 대해 제가 나중에 여쭤보려고 해요.

인도네시아 문화 Tip!

인도네시아는 우리나라만큼 음주를 즐기는 문화가 아닙니다. 이슬람 교인의 경우 금주를 하는 경우가 일반적입니다. 도심에서는 술집을 흔히 찾을 수 있지만, 만취할 때까지 마시거나 타인에게 술을 강요해서는 안 됩니다.

연습 문제

1. 녹음을 듣고 빈칸을 채워 넣어 올바른 문장을 만들어 보세요. Track 29-4

① ____________________ dia harus bangun sekarang.

② Mereka ______________ ikut kelas yang susah itu.

③ Di sini ____________________ apa-apa.

④ Kami tidak mau membeli ____________________.

2. 다음 보기 중 알맞은 단어를 빈칸에 넣어 문장을 완성해 보세요.

보기 melaporkan / memasak / membalas / menikah

① Saya ingin ________________ jadwal usaha bulan ini.
저는 이번 달 사업 일정에 대해 보고 드리고자 합니다.

② Dia tidak mau ________________ e-mail itu.
그는 그 이메일에 회신하기 싫어합니다.

③ Saya dan pacar saya mau ________________ tahun depan.
저와 제 애인은 내년에 결혼하려고 합니다.

④ Ibu mau ________________ beberapa makanan yang enak.
어머니는 맛있는 음식 몇 가지를 만들고 싶어 하세요.

정답

1. ① Mau tidak mau ② ingin ③ tidak ada ④ barang itu
2. ① melaporkan ② membalas ③ menikah ④ memasak

Boleh saya meminjam sepeda Anda?

당신의 자전거를 빌려도 될까요?

학습 목표

- 조동사 bisa / dapat을 배워봅니다.
- 조동사 boleh / harus를 배워봅니다.

새 단어

발음에 유의하며 다음 단어를 듣고 따라 말해 보세요.

Track 30-1

인도네시아어	독음	뜻
meminjam	므민잠	빌리다
daging	다깅	고기
babi	바비	돼지
memproduksi	믐쁘로둑시	생산하다
sapi	사삐	소
mengemudikan	믕으무디깐	운전하다
mencegah	믄쯔가ㅎ	예방하다, 막다
penyakit	쁘냐낏	질병
memakai	므마까이	사용하다, 입다
penyebaran	쁘녀바란	확산
membantu	믐반뚜	돕다
sekali	스깔리	매우, 너무
miskin	미스낀	가난하다
tugas	뚜가ㅅ	업무, 과제

1. 조동사 bisa / dapat

~할 수 있다(가능)	
bisa	dapat
주로 비격식체로 씀	주로 격식체로 씀
문장에서 단독으로 사용 가능	문장에서 부가 표현과 함께 사용

① 가능 여부를 말할 때

조동사 bisa와 dapat은 모두 '~할 수 있다'라는 가능의 의미를 가지고 있습니다. bisa는 비격식체, dapat은 격식체에서 주로 쓰입니다.

- **Andi tidak bisa makan daging babi.**
  안디는 돼지고기를 먹을 수 없어요.
- **Mereka dapat memproduksi barang selama setengah tahun.**
  그들은 반년간 물건을 생산할 수 있었습니다.

② bisa와 dapat의 차이

각각 비격식체와 격식체에서 주로 쓰인다는 차이점 외에도, bisa가 단독으로 쓰일 수 있는 반면 dapat은 부가 표현과 함께 쓰여야 한다는 차이가 있습니다.

A Kamu bisa makan makanan pedas?
너 매운 음식 먹을 수 있어?

B Bisa, saya suka yang pedas.
있지. 나 매운 거 좋아해.

A Di bank itu dapat meminjamkan uang?
그 은행에서 돈을 빌릴 수 있을까?

B Iya, mungkin saja.
응, 아마도.

2. 조동사 boleh / harus

~이 가능하다(허가)	~을 해야만 하다(의무)
boleh	harus
허가 여부 (*의문문에서는 맨 앞에 쓰여 질문의 의미를 강조함)	강제성을 내포

① 조동사 boleh

허가 여부를 나타낼 때는 가능을 뜻하는 조동사 중 boleh를 씁니다. 또한 의문문에서 문장 가장 앞에 boleh를 쓰면 질문의 의미가 강조되며, boleh 뒤에 접미사 -kah를 붙이면 좀 더 격식체에 가까운 표현이 됩니다.

- **Boleh saya makan daging sapi?** 저는 소고기를 먹어도 되나요?
- **Bolehkah kamu datang ke sini?** 당신이 여기로 와주실 수 있나요?

② boleh와 bisa의 차이

boleh는 허가 여부에 초점을 두고, bisa는 그 외의 일반적인 가능 여부에 초점을 둔 표현입니다.

- **Saya boleh mengemudikan mobil.** 저는 운전을 해도 됩니다.
- **Saya bisa mengemudikan mobil.** 저는 운전을 할 수 있습니다.

③ 조동사 harus

가능 여부에 강제성이 느낌이 내포되어 있을 때는 harus를 씁니다. 우리말의 '반드시', '꼭'이라는 뜻과 비슷합니다.

- **Ibu harus minum obat ini sehari 3 kali.**
  어머니는 하루에 3번 이 약을 드셔야 합니다.
- **Kita harus berusaha untuk mencegah penyakit.**
  우리는 질병 예방을 위해 노력해야 합니다.

필수 패턴

다음 문장을 세 번씩 따라 읽어 보세요.

끼따 비사 믕아작 리마 오랑 운뚝 마깐 말람
Kita bisa mengajak 5 orang untuk makan malam.

까미 비사 쁘르기 끄 마나 사자
Kami bisa pergi ke mana saja.

마하시스와 이뚜 비사 브르바하사 즈르만
Mahasiswa itu bisa berbahasa Jerman.

스까랑 사야 띠닥 비사 므마까이 인뜨르넷
Sekarang saya tidak bisa memakai internet.

유까 하루ㅅ 믄다프따ㄹ 끌라ㅅ 이뚜
Yuka harus mendaftar kelas itu.

까무 볼레ㅎ 믕아작 시아빠 사자
Kamu boleh mengajak siapa saja.

끼따 하루ㅅ 비사 믄쯔가ㅎ 쁘녀바란 쁘냐낏
Kita harus bisa mencegah penyebaran penyakit.

스무아 무리ㄷ 띠닥 볼레ㅎ 믐바와 하뻬 디 달람 끌라ㅅ
Semua murid tidak boleh membawa HP di dalam kelas.

까무 하루ㅅ 므녤르사이깐 할 이니
Kamu harus menyelesaikan hal ini.

한국어 뜻을 보고 인도네시아어로 따라 쓰고 빈칸에 알맞은 말을 써 보세요.

우리는 저녁 식사에 다섯 명을 초대할 수 있어요.

Kita ______ 5 orang untuk makan malam.

우리는 어디든지 갈 수 있어요.

Kami ______ ke mana saja.

그 대학생은 독일어를 할 수 있어요.

Mahasiswa itu ______ Jerman.

지금 저는 인터넷을 사용할 수 없어요.

Sekarang saya ______ internet.

유카는 그 수업을 등록해야 해요.

Yuka ______ kelas itu.

당신은 누구든지 초대해도 돼요.

Kamu ______ siapa saja.

우리는 질병의 확산을 막을 수 있어야만 합니다.

Kita harus ______ penyebaran penyakit.

모든 학생들은 교실 안에 휴대 전화를 가져와서는 안 됩니다.

Semua murid ______ HP di dalam kelas.

당신은 이 문제를 해결해야만 합니다.

Kamu ______ hal ini.

실전 회화

Track 30-3

Nate	리나 볼레ㅎ 사야 므민잠 스뻬다무 Lina, boleh saya meminjam sepedamu?
Lina	볼레ㅎ 따삐 끄나빠 Boleh, tapi kenapa?
Nate	사야 하루ㅅ 끄 방 운뚝 뜨란스퍼ㄹ 우앙 Saya harus ke bank untuk transfer uang.
Lina	깔라우 마우 뜨란스퍼ㄹ 우앙 까무 비사 등안 온라인 사자 Kalau mau transfer uang, kamu bisa dengan online saja.
Nate	따삐 사야 띠닥 따후 바가이마나 짜라냐 Tapi saya tidak tahu bagaimana caranya.
Lina	사야 비사 믐반뚜 까무 이뚜 무다ㅎ 스깔리 Saya bisa membantu kamu. Itu mudah sekali.

한국어 해석

네이트	리나야, 내가 네 자전거를 빌려도 될까?
리나	되지. 그런데 왜?
네이트	나 돈을 송금하러 은행에 가야 해.
리나	돈을 송금하고 싶은 거라면, 그냥 온라인으로도 할 수 있어.
네이트	하지만 나는 어떤 방법으로 하는지 몰라.
리나	내가 너를 도와줄 수 있어. 그건 정말 쉬워.

인도네시아 문화 Tip!

인도네시아에는 음주 문화가 거의 없는 반면, 흡연에 대해서는 상당히 관대한 편입니다. 아직 규제가 미미하고 흡연의 위험성에 대한 인식이 자리잡지 않아 길이나 차량 내부에서까지 담배 피우는 모습을 흔히 볼 수 있습니다.

연습 문제

1. 녹음을 듣고 빈칸을 채워 넣어 올바른 문장을 만들어 보세요. Track 30-4

① ____________________ saya meminjam ini sebentar?

② Dia ____________________ membaca bahasa Arab.

③ Beliau bisa ____________________ mobil.

④ Mereka ____________________ masuk dengan pintu itu.

2. 다음 보기 중 알맞은 조동사를 빈칸에 넣어 문장을 완성해 보세요.

보기 bisa / boleh / harus / dapat

① Dia _____________ mengajak siapa saja.
그는 누구든지 초대할 수 있어요.

② Perusahaan itu _____________ membantu orang miskin.
그 기업은 가난한 사람들을 도울 수 있어요.

③ Saya _____________ menyelesaikan tugas itu sampai hari ini.
저는 오늘까지 그 업무를 끝내야만 합니다.

④ Nenek tidak _____________ minum obat itu.
할머니는 그 약을 드시면 안 돼요.

정답

1. ① Bolehkah ② tidak bisa ③ mengemudikan ④ tidak boleh
2. ① bisa ② dapat ③ harus ④ boleh

인도네시아어 쓰기 노트

* 녹음을 듣고 따라 말해 보며 제시된 문장을 써 보세요.

01. 저는 한국인이에요.

Saya orang Korea.

02. 이 책상은 제 책상이에요.

Meja ini meja saya.

03. 저는 뽄독 인다에 살아요.

Saya tinggal di Pondok Indah.

04. 그 백화점은 커요.

Mal itu besar.

05. 저는 달콤한 차를 마셔요.

Saya minum teh manis.

06. 이쪽은 제 동생이에요.

Ini adalah adik saya.

07. 그건 제 티켓이 아니에요.

Itu bukan tiket saya.

08. 저는 오늘 일하지 않아요.

Saya tidak bekerja hari ini.

09. 오늘 날씨는 덥지 않아요.

Cuaca hari ini tidak panas.

10. 화장실은 어디에 있나요?

Toilet ada di mana?

11. 내일 우리 어디 어디 갈까요?

Kita akan ke mana saja besok?

12. 자카르타에서 발리까지 뭘 타고 가나요?

Dari Jakarta ke Bali naik apa?

13. 다음 주에 만나요.

Sampai minggu depan, ya.

14. 저는 동생이 한 명 있어요.

Saya punya seorang adik.

15. 뜨거운 거 마실래요, 아니면 차가운 거 마실래요?

Mau yang panas atau dingin?

16. 리나야, 그분은 누구셔?

Lina, itu siapa?

17. 당신은 여기에 무엇을 타고 왔나요?

Kamu datang ke sini dengan apa?

18. 온라인으로 사 보는 건 어때요?

Bagaimana kalau membeli dengan online saja?

19. 저는 비자 정보를 찾고 있어요.

Saya sedang mencari informasi visa.

20. 마침내 저는 비자를 받았어요.

Akhirnya, saya sudah menerima visa.

21. 저는 이따가 병원에 갈 거예요.

Nanti saya mau ke dokter.

22. 저는 티켓 두 장을 가지고 있어요.

Saya sudah punya 2 buah tiket.

23. 오늘 축제는 7시 반에 시작해요.

Pesta hari ini mulai jam setengah 8.

24. 당신은 프랑스에서 며칠에 돌아오나요?

Tanggal berapa kamu kembali dari Prancis?

25. 다음 주 수요일이면 저는 수업이 있어요.

Kalau hari Rabu depan, saya ada kuliah.

26. 중간고사는 며칠에 시작하나요?

UTS mulai tanggal berapa?

27. 우리 회의 일정은 몇 주 뒤인가요?

Jadwal pertemuan kita berapa minggu lagi?

28. 왜 회의를 온라인으로 진행하려고 하나요?

Kenapa pertemuannya mau berjalan dengan daring?

29. 원하든 원하지 않든 회의는 온라인으로 진행해야 해요.

Mau tidak mau rapat harus berjalan secara daring.

30. 당신의 자전거를 빌려도 될까요?

Boleh saya meminjam sepeda Anda?

MEMO

MEMO

MEMO